高校教育理论与创新研究

李全斌 ◎ 著

吉林出版集团股份有限公司

图书在版编目（CIP）数据

高校教育理论与创新研究 / 李全斌著. — 长春：吉林出版集团股份有限公司，2023.7
ISBN 978-7-5731-3993-1

Ⅰ.①高… Ⅱ.①李… Ⅲ.①高等学校－教育管理－研究 Ⅳ.①G640

中国国家版本馆CIP数据核字（2023）第142205号

高校教育理论与创新研究
GAOXIAO JIAOYU LILUN YU CHUANGXIN YANJIU

著　　者	李全斌
责任编辑	齐　琳
封面设计	林　吉
开　　本	787mm×1092mm　　1/16
字　　数	221千
印　　张	12
版　　次	2023年7月第1版
印　　次	2024年1月第1次印刷
出版发行	吉林出版集团股份有限公司
电　　话	总编办：010-63109269
	发行部：010-63109269
印　　刷	廊坊市广阳区九洲印刷厂

ISBN 978-7-5731-3993-1　　　　　　　　　　　定价：78.00元

版权所有　侵权必究

前 言

教育既是国家战略大计，又是民生发展的首要关切。强国必谋强教，强教支撑强国。高等教育是一个国家发展水平和发展潜力的重要标志。改革开放以来，中国高等教育在国家教育优先发展战略指引下，不断探索，不断超越，取得了一个又一个历史性、阶段性的重大进展，为国家经济、社会发展和改善民生做出了重大贡献。

本书首先对高等教育做了概述，其次介绍了高校教育教学中的学习理论，再次探讨了高校教育教学的理念创新和实践创新，最后研究了高等教育的管理创新。本书可供相关领域的教育工作者或研究人员学习、参考。

本书在编写的过程中借鉴了一些专家学者的研究成果和资料，在此特向他们表示感谢。由于编写时间仓促，编写水平有限，不足之处在所难免，恳请专家和广大读者提出宝贵意见，予以批评指正，以便改进。

李全斌

目 录

第一章 高等教育概述 ... 01
- 第一节 高等教育的职能 ... 01
- 第二节 知识经济与高等教育 ... 05
- 第三节 知识的概念、特征与类型 ... 18
- 第四节 高等教育的知识传授职能 ... 20
- 第五节 高等教育的知识生产职能 ... 26
- 第六节 高等教育的服务社会职能 ... 33
- 第七节 高等教育的发展趋势 ... 34

第二章 高校教育教学中的学习理论 ... 46
- 第一节 行为主义的学习理论 ... 46
- 第二节 认知主义的学习理论 ... 58
- 第三节 建构主义的学习理论 ... 67
- 第四节 人本主义的学习理论 ... 72

第三章 高校教育教学的理念创新 ... 76
- 第一节 高校教育教学理念创新的缘由 ... 76
- 第二节 高校教育教学理念创新的思路 ... 79
- 第三节 高校教育教学理念创新的举措 ... 92

第四章 高校教育教学的实践创新 ... 100
- 第一节 高校教育教学创新——VR课堂 ... 100
- 第二节 高校教育教学创新——慕课 ... 107
- 第三节 高校教育教学创新——微课 ... 129

第五章　高等教育的管理创新 … 155
第一节　高等教育管理创新的意义 … 155
第二节　高等教育管理创新存在的问题 … 157
第三节　高等教育管理创新面临的挑战 … 159
第四节　高等教育管理创新的必要性 … 160
第五节　高等教育管理创新的重点内容 … 163

第六章　高等教育管理的创新路径 … 166
第一节　以信息技术为依托的高等教育管理创新路径 … 171
第二节　"以学生为本"理念下的高等教育管理创新路径 … 175
第三节　社会资本引导下的高等教育管理创新路径 … 178
第四节　全球化时代下的高等教育管理创新路径 … 181

参考文献 … 185

第一章　高等教育概述

我国近代高等教育是以 1895 年北洋学堂（即今天津大学）的创办为肇始，时至今日已有近 130 年的历史。处在当今变革时代的大背景下，高等教育从来没有像今天这样受到诸多方面的挑战，在全球化浪潮的冲击下，知识经济的兴起、市场经济的建立、新公共管理的实践都使得高等教育正在向更密切的外部联系和更复杂的内部结构的方向演变。高等教育的本质、内容、形式、理念等也在发生深刻的变化。

第一节　高等教育的职能

一般认为，高等教育具有三大基本职能：知识传授、知识生产和服务社会。

"大学"一词原意主要是指"一群先生或学生所组合的学术性行会"。从历史上看，虽然在古罗马、古希腊时期就有柏拉图的阿卡德米学园式的哲学学校、为培养教士和医生而开办的专业或专门学校等，但是，并没有产生现代意义上的大学。在形式上具有现代意义的大学产生于 12—13 世纪的欧洲，是一种组织化了的教学机构，由学部、学院、学科、学位、考试等一系列内在要素构成，具有严谨的法人组织性质、办学章程。中世纪的大学主要有法国的巴黎大学、意大利的波隆纳大学，都大约形成于 12 世纪。此后，又相继出现了更具有现代大学特征的英国牛津大学、剑桥大学，德国的科隆大学、海德堡大学，意大利的萨里诺大学等。

在 19 世纪之前，高等教育的主要职能是传授知识。大学主要是培养教师、律师、医生和政府行政官员的场所，从事科学研究的是与大学分而设之的科学院或科学团体。在这一阶段，掌握有关领域的知识，并把自己掌握的知识传授给学生是大学教师的任务。同时，大学所传授知识的科目几乎包括了当时所有的知识领域，如神学、亚里士多德哲学、语法、修辞、逻辑、法律、天文、几何、医学、艺术等。由此可见，这一时期大学提供的实际上是一种博雅教育，教师往往是具有百科全书式知识的学者。

从历史上看，高等教育明确地承担科学研究与发现（即知识生产）的职能，开始于19世纪初的柏林大学。在19世纪初的普法战争中，作为战败国，普鲁士不仅割让了土地，而且失去了几所重要的大学。为雪普法战争之辱、重振普鲁士雄风，普鲁士国王威廉三世在实施政治改革的同时，着手教育改革，任命洪堡为教育大臣。洪堡批判传统大学以教条束缚人的理性和才智的做法，主张大学应成为钻研学术的场所，实现教学与科研的统一，大学教授和学生都应从事创造性的学术研究。因为教师在教学中所要传授的不是固定不变的真理，而是对未知事物的一种无限的好奇心，以及为终身探索未知世界所应掌握的工具。因此，使学生个人的能力得到最大限度发展的过程，才是大学教育的真正目标，这将使学生们离开大学后仍能够自然、主动地在探索的道路上前进。

尽管柏林大学的创建从一开始就是德国人努力用精神力量来补偿物质损失的一个结果，其办校宗旨是服务于国家利益。但是，在洪堡等人看来，为国家利益服务绝不等于放弃大学自主和学术自由。他们设法向统治者们表明，恰恰是这种大学的自主和学术的自由，才更符合普鲁士作为一个文化国家的根本利益。只有这种以科学为核心的大学，才能培养洪堡所说的"全面人格"，才能成为德意志全民族精神文化生活的典范和中心。这就要求大学应该具有活动的非政治性质与大学建制的国立地位的统一，科学体系的内在完整性和科学对整个文化、社会的"批判—启蒙"意义的统一，以及教学和研究的统一。

在这种新观点的影响下，创造性研究和发现的能力逐渐被确立为衡量教授水平的主要标准，德国大学中年轻有为的学者大量涌现，青年学者开始表现出一种对老教授竞争性的态度，而教授们也不甘落后，奋起迎接新的挑战。竞争带来了德国大学中新学科、新领域的纷纷涌现，研究分工和学科不断细分，科学研究和发展进入了一个繁荣的阶段。除此之外，德国大学中研究班和研究所的数量有了较大的增加，在为学生提供教学的同时，还鼓励和指导学生参与科研，训练他们的心智，培养他们的科研能力。柏林大学在1820年只有12个正式创办的研究班和研究所。到1869年，研究所和研究班的数目增加到了27个，增加了一倍多；而到1909年，数目又增加了一倍。海德堡大学1820—1859年只有8个研究班和3个医学研究所，到1900年，其数目已增至76个。

德国大学的这种做法开创了现代大学发展史的先河，强调教学和科研的统一以及研究生教育的推行，使德国的大学很快焕发出勃勃生机，其办学思想也被本国和世界其他国家的大学广泛传播，逐渐成为美国青年心目中追求高深学问的理想殿堂。

据统计，从1815年到第一次世界大战爆发的100年间，赴德国留学的美国学子达一万人，仅柏林大学一校就接纳了5000名美国留学生。这些留德人员回国后，将德国大学思想带到了美国，对美国的高等教育，尤其是研究生教育产生了深远的影响。

高等教育把直接为社会服务作为自己的职能，一般认为开始于19世纪中叶的美国。1862年，美国通过了主张"促进工业阶级的文理和实用教育"的《莫雷尔法案》，随后又掀起了"土地赠予运动"，使得以1868年创建的康奈尔大学为代表的土地赠予学院迅速发展。康奈尔大学的办学宗旨就是科学知识的传授与博雅教育并重，以便向社会的工业和生产阶级提供最好的设施，使他们获得实用的知识和精神文化，使科学知识服务于农业和其他生产劳动。这导致美国大学不仅为社会普及农业科学知识，也提供许多有关卫生、经济、管理与教育等方面的咨询，成为各州的"智囊"，开创了大学与社会各领域合作的先河。在美国各大学中，对社会服务工作提倡最有力、成绩最佳的应当首推威斯康星州立大学。

进入20世纪以后，威斯康星州立大学进一步发展了康奈尔大学的办学理念，提出了大学教育应当为区域经济和社会发展需求服务的新理念。这种新理念的基本思路是，从本州的客观实际出发，在教学和科学研究的基础上，通过培养人才和输送知识两条渠道，着力发挥高校直接为社会服务的职能，积极促进本州经济和社会的发展。这种高等教育为区域经济和社会发展需求服务的新理念，即著名的"威斯康星思想"，后来被称为是美国20世纪最有创造性的思想之一。至此，直接为社会服务成为大学的第三个社会职能。

大学的社会服务不仅满足了社会的需求，也是大学自身发展的需求。大学从服务中不仅获得了办学经费，也得到发现实际问题和新的研究方向、培养服务精神、提高教育质量的效果。大学通过广泛、直接的社会服务，不仅有利于高等教育理论联系实际，而且有利于大学与社会双向参与，成为教师和学生了解社会生活、参加社会实践的重要途径。同时，由于大学师生经常深入社会的生产、生活实际，了解实际情况、实际问题，有利于根据社会的需求，改进教学和研究工作，提高培养人才的社会适应性。当前，世界各国的绝大多数大学与社会有关单位、企业建立起教学、科研、生产的三结合联合体，把分散的、短期的社会服务工作制度化、经常化。

随着知识经济时代的来临，人们对高等教育寄予了更多的期望，更普遍地希望高等教育能够引领社会的进步。因为在知识经济时代，知识已成为经济增长的引擎，是一个国家繁荣、安全和人民幸福、安康的关键受过良好教育的人，其思想已经成为现代社会最重要的资源，那么，大学作为智力资本的源泉，必然受到人们的重视和支持。在一定程度上，人们对大学功能的期望已经从重点从事人力资本开发的社会机构，转变为发现、加工、传播和应用知识本身为工作重心的社会机构。

由上述可知，高等教育具有知识传授、知识生产和服务社会三大基本职能。高等教育的这些基本职能，决定了高等教育在社会经济发展过程中所起的作用。其中，知识传授主要是形成社会经济发展所需要的人力资本，尤其是形成异质型人力资本，也被认为是经济增长中报酬递增的源泉；知识生产主要是指知识的创新，这不仅是经济发展所需要的制度创新和技术创新，尤其是基础知识的创新，而技术创新构成了制度创新持续成长的理论基础和动力；服务社会，即以大学所拥有的人力资本直接为社会服务，产生直接的社会经济效益。

此外，大学还被看作是自由思想的策源地，背负着社会的良知。从历史上看，大学诞生于12世纪的基督教团体。这使得早期的大学在知识传授之外，还具有精神教化的功能。在宗教信仰远离社会生活中心的现代社会，随着基督教关于人生终极意义信仰教化功能的现代迁移与转化，大学仍保留了其历史功能，作为创新科学原理与守护精神价值的策源地，特别以造就人格化的知识分子为核心。

实际上，在现代社会，被称作人文精神的知识分子，对科学原理与道义的执着，就渊源于大学的终极信仰传统。

换言之，大学不仅是追求真知的堡垒，也是追求生活意义、保存人类终极价值的堡垒。尽管对于大学而言，知识与意义都是必要的，甚至二者在历史上对人类生存与发展的价值仍有深究的空间，但是，本书出于研究对象的限制，对此不做深入研究。大学所载负的自由精神，本书将其看作是大学知识生产和传授功能的一项基本要求。

第二节 知识经济与高等教育

知识经济的悄然兴起,既是一场巨大的经济转型,更是一场深刻的社会变革,必然对整个人类的价值观念、思维方式、生产方式和生活方式产生重大影响,也必然对高等教育产生全方位的冲击。知识作为高等教育的逻辑起点是联系高等教育与知识经济的纽带。

从教育的外部关系规律来看,知识经济引导和推动高等教育的改革与发展,而高等教育的改革与发展又促进知识经济的发展,两者存在互动性。从教育的内部关系规律来看,高等教育的育人活动需要知识经济的物质保障,而知识经济实现可持续发展需要高等教育育人活动的精神保证,两者存在互补性。

一、知识经济的概述

知识经济这一概念的由来,最早可追溯到20世纪70年代,当时的美国未来学家阿尔文·托夫勒中提出:"农业社会、工业社会至20世纪末以后将是后工业经济的社会,即信息社会。"[1]1982年,奈斯比特也提到了"信息经济"这一命题。[2]1996年,经济合作与发展组织(OECD)在其发表的《以知识为基础的经济》的年度报告中对"知识经济"做了明确的界定:"知识经济是建立在知识和信息的生产、分配和消费之上的经济。"至此,"知识经济"一词才被广泛应用,并成为全球的焦点话题。归纳起来,"知识经济"有这么几层含义。①知识经济以现代科学技术为核心,是建立在知识和信息的生产、存储、扩散和应用之上的经济。②知识经济是以知识作为生产力发展的最主要因素的经济。③知识经济是以高技术产业为支柱,以智力资源为依托的,兼顾长远利益的可持续发展的经济。

这几层含义虽然阐述的角度不同,但它们的本质特征却一致,即都指建立在对智力资源(人才和知识)及其无形资产(信息、技术、发明和创造等)的占有和配置,以及对知识产品的生产、分配和消费基础之上的经济。

---

[1] (美)阿尔文·托夫勒.第三次浪潮[M].朱志焱,潘琪译.北京:北京三联书店,1983.
[2] (美)奈斯比特.大趋势改变我们生活的十个新方向[M].姚琮译.北京:科学普及出版社,1985.

（一）知识经济对智力资源及其无形资产的占有和配置

知识经济实际上是指对各类人才、知识以及各种信息、技术、发明和创造的拥有与配置，它不同于传统农业和工业经济对稀缺自然资源（土地、石油等）的占有和配置。

人才可以通过交换和流动而被任何企业和单位所拥有；知识和无形资产可以通过制成软件、产权转让或复制而被全世界的人同时享用；智力资源以及无形资产的配置，虽仍以市场配置为主体、市场调控为机制，但它是借助计算机网络和有关媒体来完成的，因此其配置方式表现出更快捷、更有序和更合理的特点。

（二）知识经济对知识产品的生产

知识经济对知识产品的生产既包括对理论类和经验类知识产品的生产，也包括对技术类知识产品的生产。

1. 理论类和经验类知识产品

理论类和经验知识产品是指能给高科技产业带来经济效益的各种思想、观点、信息、原理、发明和创造等，这些"无形产品"是在高校和科研院所中，通过对各种理论类知识和经验类知识的创新、总结、综合、筛选和加工后最终"生产"出来的，它们虽不以实物形式而存在，却凝聚了各种灵活劳动和物化劳动在其中，因此具有特殊的价值和使用价值，此类产品可以不断地再生产和复制。

2. 技术类知识产品

技术类知识产品主要是指像克隆技术产品、太阳能技术产品、受控热核聚变能技术产品和数码科技等"实物产品"。

技术类知识产品在高科技产业中生产，通过把科学知识（或把理论类和经验类知识产品）转化为技术和现实生产力并融入实物产品中而得到，此类产品更为轻型、附加价值更大、生产成本更低。

（三）知识经济对知识产品的消费（使用）

知识经济对知识产品的消费或使用实际上，是指对各类知识产品的消费或使用。关于理论类和经验类知识产品，具有可重复、可复制和可传播的特点，因此对此类产品的使用，在一定时期内会随使用次数的增加而增值，可以不断地再生产和不断地增值，但随着知识老化和更新周期的缩短，对这类知识产品的使用也有时限。

而对技术类知识产品的使用，较之对传统商品的使用更为质优、耐磨、清洁和方便，它在较长的使用期内，不会因使用次数的增加而消失、转化和折旧。

从以上对知识经济的本质特征的分析来看，它是作为一种崭新的经济形态呈现在世人面前的，因此其产生、发展和繁荣，终将离不开对知识本身的创新和有效信息的积累与利用，而知识创新又必须以高等教育的发展为依托，两者互相促进、共同发展。

二、知识经济与高等教育的相关性

知识经济是以知识为战略主体的经济，是以信息化、网络化为发展基础的经济，是以创新为内在动力的经济，是以人才为关键要素的经济，是以高科技产业为支柱产业的经济，是以科技园区为新的社会构成要素的经济。这些特征决定了知识经济与教育，尤其是高等教育之间必须具有极为密切的相互信赖、相互促进的关系。

高等教育不仅孕育了知识经济，而且成功地推动了知识经济的发展。与此同时，知识经济的发展也进一步推动着高等教育的革新与发展。时代的发展需要创新，知识经济在创新中不断对高等教育提出新的要求；高等教育在不断地改革与创新中，适应和促进知识经济的发展；两者正是在这种相互依存、相互促进的过程中，形成一种良性的互动关系，共同推动人类社会的进步与经济的繁荣。

（一）知识经济与高等教育的关联性

从高等教育的逻辑起点来进行分析，可以得出知识经济与高等教育具有紧密的关联性。

1. 知识是高等教育的逻辑起点

知识是高等教育的逻辑起点，是高等教育与知识经济联系的可能性。任何一门学科都有一个相对独立的逻辑起点，该门学科的内在规律都围绕该逻辑起点运行，例如经济学以商品为逻辑起点，生物学以细胞为逻辑起点，教育学是以知识为逻辑起点，高等教育学作为高等教育科学的理论形态，同样也有一个逻辑起点，这个逻辑起点不是其他，仍是知识，只是这种知识相对于普通教育的基础性知识来说具有专业性。

也就是说，这种知识没有本质上的变化，只有程度上的变化，而且，这种程度只是相对的、历史的，不是绝对的、永恒的。例如，原始社会人们的某些言传身教所表达的或许就是高深的知识，在物质文明和精神文明高度发达的未来社会，目前的高深学问在那时或许算不上高深的知识。

知识是高等教育的逻辑起点，可以从两个方面来说明。从高校的教学过程来看，教学过程既是一个认识的过程，也是提高受教育者各方面素质的过程。前者表现为教师通过一定的教学手段，将加工整理的教学内容传授给学生，这实质上是知识的整理和传播过程；后者表现为学生在教师的指导下，将一定的教育内容转化为自身内在素质的过程，这实质上是知识的内化过程。在这两个子过程中，虽然会出现多项任务和多种矛盾，如掌握"双基"、发展智力、培养道德品质、增强社会实践能力方面的任务及其相互关系，但其中心问题仍然是知识的选择与传承、知识的领会与掌握。

2.教学过程实质上是知识的整理、传播和内化的过程

如果说以上从高校的教学过程来分析，是从纵截面考察高等教育的逻辑起点，那么从高校的社会职能来分析，则是从横断面来考察高等教育的逻辑起点。从高校的社会职能来看，高校的社会职能主要有三个：培养人才、发展科学和直接为社会服务。

（1）从培养人才来看，学生在接受教育前后个体素质有所差别，这种素质的差别正是知识内化的结果。一个人在受教育前，是一个劳动者；受教育后，也是一个劳动者，但两者却有质的不同，前者可能是一个简单劳动者，后者却能成为一个复杂劳动者，实现简单劳动者向复杂劳动者转化的根本原因是，学生接受了一定的科学文化知识，并将其内化为自身相对稳定的个体素质。所以，知识是实现人力向人才转变的根源和内在逻辑。

（2）发展科学在高校主要体现为科研活动，这本身就是知识的生产活动。

（3）从直接为社会服务来看，高校所提供的服务不同于其他社会机构提供的简单劳动力或一般的加工制造品的服务，而主要是利用高校的人才优势、智力优势、科研优势为社会直接提供的教学与科研服务，这实质上是知识的传播与应用的活动。可见，高校的社会职能在本质上表现为知识的生产、传播和应用过程，表现为知识的选择、传承和内化过程。

知识经济针对农业经济和工业经济提出来，其划分标准是依据该种经济形态赖以存在和发展的基本资源与生产要素的结构及其特点。例如，农业经济对土地、劳动力依赖最大，对知识和资本依赖较小；工业经济对土地、劳动力依赖较大，对资本和知识依赖更大；而知识经济对土地和劳动力依赖最小，对资本尤其是知识的依赖更大。从前面的分析可以得知，高等教育活动实质上是一项知识的传播与内化活动，是一项知识的生产、物化与应用活动，知识是高等教育的逻辑起点。

3. 高等教育与知识经济相互融合，使知识成为两者联系的纽带

高等教育的逻辑起点是知识，但不是一般的知识，而是高深知识，其中包括高新科技知识，这是高等教育与知识经济联姻的必然性。高等教育是建立在普通教育基础之上的专业教育，它所传播的知识是在普通教育传播知识的基础上的再选择、再深入，它所生产的知识是促进现代生产发展的高新技术知识和反映当代学术热点的高深理论知识，它所物化的知识是造就高精尖专门人才的知识和创造面向现代化的科研成果的知识。其中，最具有时代精神和现实价值的知识是高新科技知识。

4. 科学技术是第一生产力

知识经济中的"知识"在经济学界虽然没有统一、明确的界定，但普遍都默认为高新科技知识，许多关于知识经济的界定都提出了知识经济是一种以高科技为基础、以创新为灵魂的经济。而在教育学界，知识经济中"知识"的含义变得泛化和混沌，往往成为争论的焦点和研究的重点。确定知识经济中的"知识"到底所指什么知识，可以从两个方面来进行分析。

（1）从知识经济提出的历史背景来看，知识经济是在信息技术和高新科技的快速发展对社会产生了重要影响的情况下提出来的。许多人把比尔·盖茨的成功看作知识经济出现的标志，因此它强调的不是知识的经济行为，而是知识的经济作用，即不是从把知识作为商品的角度提出的，而是从知识在生产力发展和经济发展中的作用和地位的角度而提出。

（2）从知识经济的对立面或对应方来看，它是针对农业经济和工业经济提出来的。知识经济、农业经济、工业经济三种经济形态划分的标准是各生产要素和基本资源在经济发展中的构成与作用，知识经济是以知识为最基本的资源和最核心的生产要素的经济，知识成为推动和牵引经济发展的先导力量和决定性因素。

也就是说，知识经济中的知识不是一般知识，而是能够纳入生产函数，并且作为第一生产函数的知识，是推动生产力发展的最具决定性和关键性作用的知识，因而它同样是强调知识在促进生产力进步和经济发展中的作用和地位。"科学技术是第一生产力"，从这个意义上说，知识经济指向的知识是高新科技知识。可见，知识只是实现高等教育与知识经济联姻的可能性，只有高新科技知识，当然也包括现代管理科学知识，才能实现两者内在的、固有的和必然的联系。

5. 知识经济与高等教育的高新科技知识是统一的

在知识经济时代，知识经济和高等教育中的高新科技知识既有共同之处，又有不同之处，但两者是统一的。知识经济中的高新科技知识不是一般的科技知识，而是对现代化大生产起决定性和革命性作用的应用型科技知识。高等教育中的高新科技知识包括对现代生产起决定性和革命性作用的应用型科技知识，也包括不能直接纳入生产函数的基础性高深科技知识。

从某种意义上讲，基础性理论与应用性、技术性理论是源与流的关系，高新科技知识的不同理论形态，都属于科技知识的范畴。

6. 知识经济社会条件下高等教育成为经济社会的中心

农业经济时代，高校游离于经济社会之外；工业经济时代，高校处于经济社会的边缘；只有到了知识经济时代，高校才被推向经济社会的中心。

知识经济是特定历史时期的一种经济形态，高等教育却在三种不同的经济形态中存在，而且在每一种经济形态社会，尤其是工业经济与知识经济社会中，高等教育提供的科技知识在当时历史条件下都可谓是高新科技知识，这是因为不同的经济形态中高等教育提供的高新科技知识对于生产力发展和社会进步的作用和地位不一样。高校能否和是否提供一定的高新科技知识，既取决于社会发展的需求，又取决于高等教育的价值取向，但归根结底取决于社会生产力的发展水平。

因此，高等教育步入社会的中心不仅需要一定的历史条件，同时也是历史发展使然。

（1）农业经济时代，由于生产力水平低下，人们认识世界和改造世界的能力不高，因而不能超越历史的限制形成反映客观物质世界的科技思想和成果，即科技知识，高校也难以从社会吸纳这些知识，转而成为"专注于探究治世之法和天理人伦之道的'象牙塔'"。

由于社会与高校之间几乎没有科技知识的交流活动，高校无法向社会贡献科技成果和科技人才，农业经济时代的科技创新几乎大都产生于各种物质生产部门，如作坊、厂矿等。

（2）工业经济时代，生产力有了较大发展，人们认识世界和改造世界的能力有了较大提高，形成了许多反映客观物质世界的科技思想和成果，高校吸纳这些科技知识转变为教学内容，并内化为学生的个体素质。高校在从社会吸纳一定数量科技知识的基础上，又通过高校和学生的继承和创新，最后以科技知识增量的形式回馈社会，随后又进入下一轮循环。

但是，工业经济时代的科技知识还没有成为推动生产力发展的决定因素，生产力的提高和经济的发展很大程度上还依赖于资本和劳动力，高校中各种以知识形态、物化形态或个体素质形态存在的科技知识也就不能成为工业经济发展的核心要素。

（3）知识经济时代，生产力获得了空前提高，人们认识世界和改造世界的能力有了释放，形成了许多能够决定生产力提高和经济社会发展的科技知识，这些科技知识所蕴藏的生产单位和生产因子是传统生产资料和生产要素的上亿倍、亿万倍，因而成为生产力提高和社会经济发展最重要的资源和最核心的生产要素。

高校通过吸纳这些高新科技知识，转化为教学内容，内化为学生的个体素质，或者在继承的基础上进行创新，形成物化形态的科技成果进入社会。生产力不是单向地支配高等教育，即高校不是单向地从社会吸纳科技知识。高校是"思想库""人才库"，它能在吸纳和反映的基础上创造新的知识，继而转化为生产力，推动社会发展，这些继承的知识和创造的知识达到一定程度，就会由量变引发质变，从而进一步推动社会的发展。

高校作为高新科技知识的传播基地、生产基地和孵化基地，逐渐成为高新科技知识的"摇篮"，成为知识经济社会的"发动机"，成为知识经济社会的"轴心"。

（二）知识经济与高等教育的互动性

从教育的外部关系规律来进行分析，可以得出知识经济与高等教育具有良好的互动性。

1. 知识经济引导和推动高等教育的改革与发展

知识经济必然要求确立新的教育观，诸如新的教育哲学观、教育功能观、教育本质观、教育产业观、教育发展观等。但是，观念的转变，是建立在人们认识到知识经济对高等教育改革与发展的冲击与促动的基础上。从整体来看，这种冲击和促动主要体现在三个方面。

（1）高等教育外部关系规律显示，高等教育自身的发展需要适应社会，为社会进步和经济发展服务。知识经济本质上要求经济知识化，且指向高新科技知识，这就要求高校必须为经济发展和社会进步提供高新科技知识，要求高校调整教育理念，确立新的教育价值观，培养掌握现代高精尖科学技术的专门人才，以及创造一流的科研成果。新的教育理念和教育价值观要求高校在教育目的、培养目标、课程目标、教学内容、教学方法以及社会服务等方面进行改革，以迎接知识经济的挑战，适应知识经济的发展。

（2）知识经济不仅要求经济的知识化，而且要求知识的经济化，这既是知识经济的内在要求，也是知识经济发展的客观需要。知识经济时代，教育产品的商品性凸显，高等教育的产业化运作，促使高校进行管理体制改革与创新，使高校成为讲究成本效益、责权利明晰的知识商品生产部门和法人实体。这就要求人们转变思想观念，明确知识的经济价值和商品特性，以及高校的法人地位和产业属性。

（3）如果说农业经济是手工化时代，工业经济是机械化时代，那么知识经济则是信息化时代。信息化不仅影响着教育价值的转变，教育管理体制的改革，还会导致教育教学形式的变革。知识经济将大大推动和促进远程教育、网络教育以及多媒体教学的发展，全面改变传统的教师与学生面对面的教学形式和以书本介质为知识载体的传播途径，促进教育技术的革命，推进教育终身化和教育国际化，赋予高等教育理论与实践新的内涵和外延。

2. 高等教育的改革与发展拉动和促进知识经济的发展

高等教育不仅要适应知识经济的发展，还要在适应的基础上拉动和促进知识经济的发展。高校促进知识经济的发展，以促进高等教育与知识经济两者联系的纽带——高新科技知识在质和量两个方面的增长来实现。

（1）高新科技知识的量的增长主要表现为，通过培养科技人才来传播高新科技知识。因为掌握一定科技知识的专门人才的数量越多，以生产力形态存在的科技知识在社会上的数量就会越多，主要主要表现为职业型人才、应用型人才及技术型人才。

（2）高新科技知识的质的增长不仅表现在培养更多富有创新精神和创新能力的高精尖科技专门人才，还表现在创造更多一流的科研成果，这些人才和成果所具备的科技知识普遍高于社会现有的科技水平，既是促进生产力发展的最重要的潜在因素，也是推动知识经济发展最活跃的因素。这种质的增长实际上也是量的增长，但前者量的增长主要是从知识的广度的增长而言，而这里的质的增长则是从知识的深度的增长而言的。

高校在一定教育理念和教育价值观的指导下，通过改革和调整，培养大批高素质专门人才，并创造了高水平的科研成果，从高等教育与知识经济的联系来看，也就是创造了更多、更好的高新科技知识，进而推动了以高新科技知识为生产要素的知识经济的发展。

3.高等教育的活动本身成为一种经济活动

高等教育促进知识经济的发展，不仅是通过高校的育人职能和科研职能间接实现，随着社会的发展高校也成为一种经济部门，它能够直接实现经济价值，促进知识经济的发展。而高等教育的逻辑起点——知识，也逐渐成为一种商品。使得高等教育领域同样存在知识商品的生产、流通、交换和消费四个环节。

（1）高等教育领域的商品生产表现为科学研究或教师的备课。

（2）高等教育领域的商品消费表现为科研成果的应用与知识内化为学生的素质。由于高新科技知识成为知识经济最重要的资源和生产要素，生产高新科技知识的高校也就成为知识经济时代最重要的资源和生产要素的生产部门。可见，知识经济时代，高等教育不仅是一种教育活动，也是一种直接的经济行为，而且成为知识经济发展重要的组成部分。

（三）知识经济与高等教育的互补性

从教育的内部关系规律来进行分析，可以得出知识经济与高等教育具有高度互补性。高等教育的育人活动对知识经济的物质存在着依赖性。培养人才活动是教育者将一定的知识传授给受教育者的过程，这一过程包括知识的生产、整理、传播及内化等环节，但每个环节都不直接创造物质财富，形成的科技知识也只是以知识或者个体素质等形态存在，它的外显活动表现为消费活动，而不直接表现为经济价值取向的生产活动；而且，这种消费活动对教育者和受教育者双方来说，周期长，智力和体力投入大，是一种成本代价较高的消费活动。所以，这种育人活动必须建立在一定的物质基础上，没有经济保障，这种消费就不能实现，育人活动就无法进行。

1.高校内部的经济收入

知识经济对高校培育人才的经济保障和物质补给，主要从两个方面来实现：一是高校内部的经济收入。二是高校的产品之一——高新科技知识是高利润商品，因而高校能够通过出售科技知识来获取利润，表现为收取学费、转让科研成果以及创建校办企业等。

2. 高校外部的经济投入

高校作为"社会中心"，高等教育的战略地位以及培育人才的高消费活动，必然引起政府及社会各界对高等教育的高度重视，从而促使政府及社会各界对高等教育加大经济投入力度，表现为政府拨款、企业资助、社会及个人捐资和投资、银行贷款等。

3. 知识经济的可持续发展对高等教育育人活动的精神依赖性

（1）有一种观点认为，知识经济强调的是普遍提高人的全部精神能力，使理性精神能力与非理性精神能力得以和谐发展。笔者认为，这种观点主观地扩大了知识经济的内涵，把这个从经济学领域引用过来的概念泛化了。从前面的分析可以得知，知识经济的提出是强调知识对生产力和经济发展的作用与贡献，突出高新科技知识的中心地位和经济价值，知识经济实质上就是高新科技知识经济。

（2）追求经济利益是知识经济的本性。也有人提出，从人类社会发展史来看，由于我们以前过分强调科技的作用和物质的价值，出现了许多严重的社会问题，诸如生态环境恶化等。人既是知识经济社会活动的主体，又是教育的对象；高新科技知识既是知识经济社会的决定性生产要素，又是高等教育的逻辑起点。因而，减少高新科技知识对知识经济的负效应，扩大其正效应，实现知识经济的可持续发展，成为高等教育承担的重要历史使命。

4. 高等教育的育人功能

虽然高新科技知识本身包含了一种科学精神，一种追求真理和注重事实的精神品质，一种实现经济社会公平公正的精神支柱，但高新科技知识如果以物化形态存在，它作为一个非生命体就会失去这种精神，成为任人摆布的工具和手段。因而，人的问题成为能否实现知识经济可持续发展的根本和关键。高等教育之所以能减少高新科技知识对知识经济的负面效应，主要在于高等教育的育人功能。高校作为人才培养的基地，作为知识的渊薮、科学的殿堂、人才的摇篮和精神的家园，能够实现人在智力因素与非智力因素、科学精神与人文精神、个人信念与社会关怀等方面的和谐统一。它所培养的人才在认识、评价、生产或应用高新科技知识和成果时，能够形成正确的价值判断，综合考虑近期利益与长远利益、局部利益与整体利益、个人利益与社会利益等方面的关系，做出符合人类社会发展的理性选择，实现知识经济的可持续发展。

三、知识经济对我国高等教育的影响

知识经济对我国高等教育的影响与冲击是全方位的，既带来了发展的机遇，也提出了严峻的挑战。

（一）知识经济给我国高等教育发展带来的机遇

知识经济给我国高等教育发展带来的机遇主要表现在五个方面。

1. 知识的经济化与经济的知识化趋势，使高等教育的地位提升

在知识经济中，知识的拥有同社会经济发展及个人财富与地位升迁紧密相关，国力竞争与个人竞争在很大限度上转变为知识创新和信息运用的竞争。高等教育已被国家纳入优先发展的战略与现代化建设的整体布局之中，知识因素对国民个人发展的影响日趋明显。

有调查显示，知识水平较高的人拥有更多流向职业声望较高的科研、金融与计算机服务等行业的机会，在单位中拥有更多的职务升迁的机会。文化程度的差异对收入差距的影响正呈扩大趋势。

2. 高等教育、科技、经济一体化与学习终身化趋势，使高等教育的功能扩张

首先，反映在高等教育原有三大功能的扩张。

（1）时间上的扩展。为适应个体学习终身化的要求，高等教育正在从阶段性教学转向终身性教学，各种类型的成人高校、老年大学蓬勃发展。

（2）空间上的扩大。为满足日益增长的高等教育需求，高校正在从封闭走向开放，各种形式的校外教学、网络教学、合作办学应运而生。

（3）内容上的扩充。教学的功能已不仅是知识的储存与传递，而是集创造、加工、处理、传播与应用为一体。科学研究不再仅注重基础研究，开发研究与应用研究越来越占有更多的比重，不少高校结合科研兴办科技企业，向社会提供服务的覆盖面越来越宽，包括企业培育服务、科技攻关服务与参与政府咨询决策服务等。同时也有不少高校与企业联合建立了一大批技术开发中心、生产力促进中心、产学研合作示范中心。

其次，反映在新功能的产生。高校凭借人才资源与科研优势，广泛参与社会经济活动，在多方面都发挥着刺激经济增长、引导文化变迁、扩大国际交往、提升人类文明等功能。

3. 综合化与信息化趋势推动高等教育的深化改革

知识经济是一个高度综合的时代，它表现在知识的形成与发展、信息的加工与传播、新产品的设计与制作、商品的生产与流通等方面。这种综合化的特征也反映在对人才的要求和高等教育培养目标的确立上，进而影响到学科结构的调整、专业与课程的设置，以及教学方法、考试方法等方面的改革。

从对我国当前高等教育改革的影响来看，确立综合化教育思想已渐成共识；"厚基础、宽口径、强技能、善创新"的高素质的复合型人才的培养目标已被广泛接受；按综合化的思想合并学校、调整专业、重组学科、优化培养模式等方面的改革已取得相当的成就。

以电脑化、网络化、数字化为主要内容的信息化趋势对我国现行的高等教育的影响不仅是教育技术与教育手段的变革，还是从教育观念、教育体制、教育模式到教育管理的全方位改革。伴随着教育信息化的进程，传统的"传道、授业、解惑"的教育观、"博闻强记"的学习观正发生改变；注重正规的一次性的学校教育制度和强调整体的同步的班级授课模式也将逐步瓦解，取而代之的将是以适应信息化要求的弹性化教育制度与个性化的学习模式。

4. 产业化与社会化趋势使高等教育发展的环境不断优化

为满足强劲的社会需求，近年来，我国迅速调整了高等教育的布局结构、专业结构，扩大了招生规模，提高了办学效益。知识经济的高增值性所积累的巨大财富又可以为高等教育的进一步发展提供坚实的经济保障。

反映在高等教育的发展将获得日益广泛的社会支持。随着产业化带来的开放、竞争、质量与效益等观念的增强，以及对高等教育社会经济功能认识的深化，人们越来越关注高等教育，尊重知识、尊重人才、支持高等教育的社会氛围将进一步形成。这一切都可以为高等教育发展创造良好的物质环境与精神环境。

（二）知识经济对我国高等教育发展的一系列挑战

知识经济对我国高等教育发展的一些列挑战，主要表现在五个方面。

1. 国际竞争加剧对高等教育培养目标的挑战

知识经济与高新技术的发展对人才素质的要求越来越高，高素质的人才已成为新的国际竞争的关键因素。这对传统的高等教育培养目标及培养方式提出了严峻的挑战。

根据武汉大学就大学生的教育质量问题在全国范围进行的一次抽样调查结果来看，我国高等教育在培养目标及培养方式上存在着"六重六轻"：重成才教育，轻做人教育；重专业教育，轻基础教育；重书本教育，轻实践教育；重科技教育，轻人文教育；重共性教育，轻个性教育；重继承教育，轻创新教育。

而社会对毕业生的评价则是创新能力不强；敬业精神、合作精神不足；身体素质、心理素质相对较差。

2. 知识高度综合对高等教育人才培养模式的挑战

高度综合的知识经济社会最需要的是具有广博知识和综合能力的通才。国外的研究发现，有成就的科学家多是靠博才取胜；当今诺贝尔奖的获得者中，有不少既是某门学科的专才，又是善于进行综合性研究的通才，这对我国长期以来注重专才培养的教育模式提出了挑战。

人才培养模式由培养目标、专业设置、教育方式、学习方式与评价方式等要素构成。我国传统的人才培养模式的特点可以概括为五个字，即专、窄、灌、死、偏。

（1）"专"，即强调按统一的计划与要求培养人才，培养目标过专。

（2）"窄"，即专业划分过细，专业口径过窄。

（3）"灌"，即教学重灌输，轻启发。

（4）"死"，重记忆，轻思考，学习方式过于死板。

（5）"偏"，即评价指标片面，评价方法单一，评价结果偏颇。

这种模式培养出来的学生综合素质较差，适应面较窄，创新能力较低。在知识经济时代，显然不能适应社会的发展。

3. 功能迅速扩张对高等教育体制的挑战

知识经济条件下的高等教育承担着时代赋予的多种社会功能，高等教育能否实现这些功能，关键在于从事高等教育活动的主体——人的积极性、主动性与创造性的发挥，而人的主体性的调动又取决于制度和体制。

近年来，我国在高等教育体制方面的改革已取得重大进展，但面对知识经济的挑战，仍然存在着许多不相适应和阻滞功能实现的缺陷。

（1）从人事制度来看，仍带有一定的"管、卡、压"特征。例如，在高校管理上重管"人"、轻管"事"，在职称评定上重指标、轻条件，在职务聘任上重任命、轻竞争，在人才流动上重安排、轻自愿，忽略了人的主体性。

（2）从分配制度来看，高校在很多方面仍反映出重身份、重资历的色彩，离知识、技术、管理等生产要素和按贡献进行分配的要求还有较大距离，影响教职员工的积极性。

（3）从教学科研的评价制度来看，高校内部既缺乏分类型、分层次、合理的评价指标体系，也缺乏科学的评价方法，更缺乏健全的评价组织，不能激励教师积极开展教学与科研，压抑了人的创造性。

4. 网络自由传输对高校德育的挑战

教育是培养人的活动。高校德育既是高等教育的重要组成部分，也是培养有理想、有道德、有文化、有纪律的一代新人的重要手段。知识经济时代，网络传输的自由度大大加强，不仅有利于信息资源的共享，还有利于加速国际合作与交流的进程，但也对高校德育提出了挑战。

随着网络的发展，各种思想文化的交融、碰撞将越来越激烈，西方的文化，包括影视、音响、书刊等将大量进入我国高校，各种意识形态和生活方式必将对大学生的价值观念、思维方式产生极大影响，有可能造成观念的冲突与思想的腐蚀。知识经济条件下高校德育工作将越来越重要，也将越来越复杂。

5. 教育资源共享对高等教育市场的挑战

教育资源共享是对高等教育市场的挑战，这种"共享"既有利于高校引入优质的教育资源，以提高教学质量，也有利于高校拓宽生源市场，以提高办学效益。但"共享"带来的挑战也是严峻的。

第三节 知识的概念、特征与类型

既然高校的三大基本职能——知识传授、知识生产和服务社会都是围绕着"知识"，本书也从"知识"的角度展开分析，那么，就需要在展开分析之前对"知识"的含义、类型及其特征等进行考察。

对于"知识"的定义，不同的学科、学者有着不同的理解。由于本书所要重点说明的是知识的生产、传授和使用的过程，进而从中发掘高等教育的体制要求。因此，本书对"知识"含义的理解更多的是出于哲学和心理学角度的。

本书认为，知识是经过人的思维整理过的信息、数据、形象、意向、价值标准，以及社会的其他符号化产物，它是一种有组织的经验、价值观、相关信息及洞察力的动态组合，它所构成的框架可以不断地评价和吸收新的经验和信息。

从一般特征上来看，知识具有以下特征。①实践性和客观性。知识是人类在社会实践中获得的认识与经验，知识的产生有其物质性基础。②隐含性与主观性。知识与其特有主体具有不可分割性，知识在很大程度上是个人化的，是其特有主体的主观理解，带有很强的主观性。③共享性。知识的产生、交流是人类共同实践的同步进程的结果。众多知识的创新是在人们共享知识式的团队生产中发生的。共享知识能促进知识价值的更充分化利用。④不可逆的重复使用性。知识一经传递或发送，便无法收回，同样的知识可根据目的被频繁地使用。⑤新陈代谢性。知识具有时效性，随着时间的推移，其内涵会发生不同的变化。

2003年，哈耶克将知识的类型大致分为两类：一类是科学知识，另一类是具体时间地点的知识。这两类知识对于生产和消费都非常重要，缺一不可。科学知识在其扩散的过程中没有或很少有遗漏和走样的危险，很容易从书本、报刊上学习，虽然人们对知识的吸收和理解难免要打一定的折扣。[①]

知识还可划分为个人知识与共同知识。而在个人知识和共同知识之间，还有一类知识，尽管难以大范围传播，往往为一个群体、范围内的人所掌握和理解。比如，地域文化、企业文化等。

从知识结构来看，知识间的相互关系可以划分为互补性和互替性两种。知识的互补性是指知识各个局部之间通常存在着互相解释或互为强化的关系。这种互补性有两种形式：时间互补性（即同一类型知识的不同知识片段之间沿时间的互补性）、空间互补性（即不同类型知识或者不同知识传统之间在空间上的互补性）。知识的互替性是指某些知识间存在着相互竞争的关系。在两个知识传统间发生的知识互补性总是比其相互间的互替性更为强烈，这就使得知识间更多地表现出融合和积累的倾向，也使得知识分工背景下的各种知识具有合作的倾向。

对本书来讲，将知识划分为外明知识和内隐知识更具有意义。外明知识（Explicit Knowledge）是指能够以一种系统的方法传达的正式和规范的知识（Allee，1997）。而内隐知识（Tacit Knowledge）是指高度个体化、难以形式化或沟通、难以与他人共享

---

① （英）F.A.冯·哈耶克.个人主义与经济秩序[M].邓正来译.北京：生活·读书·新知三联书店，2003.

的知识，因而，在一定程度上，具有独占性和排他性，难以与他人交流和共享。同时，外明知识是对内隐知识在一定程度上的抽象和概括，上升为公式、规律、理论等，并以文字形式记载下来，从而使其容易表述和交流。

学者们对两种知识类型的划分是为了论述的方便，实际上任何知识都含有内隐的维度。有学者用一个连续体来描述知识：在连续体的一极，是完全内隐的，存在于人的大脑和身体中下意识或无意识的知识；而在连续体的另一极，是完全外明的，或编码的、结构化的，可以为他人所获得的知识。大多数的知识存在于这两极之间，外明的成分是客观的、理性的，而内隐的成分是主观的、经验的。按照这种划分，知识中最主要的部分是内隐知识。内隐知识具有以下特征。内隐知识是一种程序性知识，与行动密切相关。二是在日常生活中，内隐知识具有自用性，是人们达到价值目标的工具。目标的价值越高，内隐知识支持获得目标就越直接、越有用。三是内隐知识通常只有通过不断的经验积累，从实践中学习，要靠自己去获得，是不能言传的知识，是在最低环境支持条件下获得的知识。

第四节 高等教育的知识传授职能

一、高等教育的知识传授职能及其作用

从经济学的角度来讲，高等教育的知识传授功能发挥作用的直接后果就是形成高素质的人力资本。而人力资本在经济社会发展的重要性和作用，由于T.W.舒尔茨等的研究成果形成了共识，并在经济学文献中得到了越来越多和越来越充分、清晰的表述。同时，在现代社会中，由于社会上的公众学校和学校教育已经替代了家庭学校来完成技能培训和道德教化功能，成了人力资本培训和形成的最基本的和最主要的场所与形式。这就使得高等教育在经济社会发展中的重要性由于人力资本重要性的充分表达而带有了某种程度上的不言自明的色彩。

但是，人们对教育等投资的目的并不完全是为了实现就业、收入和经济的增长，在很大程度上，更是为了求得人的全面发展。发展通常以经济增长为前提，而发展的概念并非单指经济增长。人类的发展涉及的不只是人的能力的形成，如健康状况的改

善和知识的积累，还涉及如何为休闲、政治、文化活动等的需要来运用这种能力。发展的概念强调的不仅是收入等的增长，更且是人的发展、生活质量和人类自由。也就是说，高等教育承载着重要的社会责任，不仅是要授业解惑，还要"育人"。

尽管在经济学中，人们看到的往往是对报酬递减现象的描述。实质上，马歇尔就曾指出，在生产过程中，自然的因素呈现报酬递减的趋势，而人的因素呈现了报酬递增的趋势。

在基础教育阶段，学校传授的知识往往是共同的、一般性的基础性知识。与基础教育相比，高等教育所传授的知识往往是深入的、具有一定专业性的，更能够提高学生的工作能力和处理非均衡状况的能力。同时，在高等教育的培养中，学生可以获得更好的学习能力和创造能力，提高学生知识的自我成长性。这些都使得高等教育的获得者在人力资本的使用价值中具有报酬递增的特征，也因此使得高等教育成为社会经济发展过程中获得高素质人力资本的主要方式和关键。

二、知识传授的一般过程

简单而言，知识传授即知识由发送者转移到接受者的过程。从信息论的角度来讲，知识转移的过程经过了"知识的发送者对其知识进行编码—数据（信号）传递—知识的接受者解码（译码）"的过程。其中，编码过程即知识的发送者，将蕴藏于其大脑中的知识，用文字、符号、数字、语言、音符、图片、图像等，能够被人们感觉器官感知的形式表达出来。知识的发送者所使用的文字、符号、数字、语言、音符、图片、图像等就是数据。数据是信息的载体，是被记录下来可以鉴别的符号，其本身并没有意义，只有经过解释，变成信息才具有意义。同一数据，赋予不同的解释，可以得到不同的信息。

信息由数据产生，并通过数据来表示，而数据是产生信息的原材料，经过加工、处理后，转变成有用的信息。而信号则是把数据变换成适合信道传输的物理量，是数据的运载工具。

数据或信号通过信道——载荷着信息的信号所通过的通道，并承担了信息传输和信息存储任务，以信号的方式载荷信息——将知识发送者所要表达的信息传输给知识的接受者。知识的接受者再通过解码以赋予其所收到的各种信号、数据以特定的意义，从而获得知识。

但是，这并不表示知识的这种转移是完全的。①知识的发送者要对其知识进行编码才能对外发送，而这个编码的过程可能造成知识转移的第一次失真，即由于知识中存在大量"只可意会不可言传"的内隐知识，导致知识发送者在编码过程中出现"我的语言无法表达我自己"。同时，这也可能存在由于激励不足，知识的发送者不愿意完全、准确地传授其知识的情况。②在信号传递的过程中，存在着由于噪声导致的信号失真问题。③接受者在解码（译码）中无法完全恢复所接收数据的本来意思。这主要是因为编码和解码过程，都是极具个人色彩的过程。由于知识的发送者和接受者的个人经历差异、知识或心智模式的差异等，导致人们在面对相同的数据时，对这些数据所赋予的含义是千差万别的，不可能形成完全一致的理解。

知识传授的目的并不在于传授的过程，而在于知识的接受者能够在理解的基础上掌握和使用知识，形成具体的"能力"，这一过程被称为知识的内化。从知识可以分为内隐知识和外明知识的角度来看，一方面，所有的外明知识都植根于内隐知识，外明知识的增长、应用和理解都依赖于内隐知识。而且，内隐知识比外明知识更为基本，人们能够知道的比能够说出来的东西多得多。

另一方面，由于内隐知识是高度个体化、难以形式化的。因此，知识只有是外明的，才是能够编码且能以系统方式表述的，进而是可交流、可对比的，并可以以某个逻辑叙述和符号体系为平台和基础，在整个社会的范围内进行积累的。这要求知识传授过程必须实现使学生所学习的知识在消化、吸收的基础上再外明化，即学生把知识变成"自己的"，做到可用和可表达这两个要求。

就知识的功能来说，内隐知识事实上支配着整个的认识活动，包括科学认识活动，为人们的认识活动提供了最终的解释性框架乃至知识信念。因此，对于个人而言，外明知识只有通过内隐化而成为内隐的个人知识，才是可利用的。从信息加工论的角度来看，人类的心智是一个类似于计算机的复杂认知系统，处理或加工来自于环境或已经存储于系统内的信息，信息加工的速度、容量等是限制认知能力的重要因素。一些最重要的认知发展，在于获得了用于克服这些限制的程序，这些心理程序经过不断练习得以更加有效地执行，并最终发生自动化（弗拉维尔等，2002）。这就要求在教学过程中，必须要不断地练习，使学生获得的外明知识内隐化。如果这一内隐化过程不能顺利完成，往往会看到学生中大量存在"高分低能"的现象。

由此可见，知识传授的过程要远复杂于知识的传递过程。从内隐知识和外明知识区分的角度来讲，完整的知识传授过程，首先是知识的接受者获取由某种信号（数据）表达的外明知识，这里的外明知识可以来自于书本等，也可能来自于教师的讲授。其次是由知识的接受者按照其自己的认知模式赋予这些信号以意义，即理解进而掌握这些外明知识。由于信号失真和理解上的偏差，知识的接受者不可能一次就可以完全无偏差地掌握知识，还需要不断地通过包括考试、实践等在内的各种方式的验证，来检验其对知识掌握的准确程度和完整程度，并在此基础上不断对比、修正其对知识的理解。

需要进一步指出的是，高等教育的知识传授功能执行的结果，并不仅仅是传授了已有的知识，更为重要的是，这一过程改变了知识接受者的心智结构，同时，也训练和提高了知识接受者的学习能力、思维能力和科学研究能力的过程，使知识接受者在离开大学之后能够通过自学持续地获得新知识、生产新知识，因而也为科学研究提供了后继者。因此，高等教育在知识传授中传授的不仅是已有的"死"知识，还要传授关于知识的知识、知识生产的知识。高等教育不仅要培养已有知识的使用者、物质的生产者，还要培养知识的生产者。

三、高等教育知识传授职能执行的制度要求

从上述知识传授的一般过程及其参与者的特征来看，影响高等教育中知识传授职能执行效率的因素主要有所传授知识的特征、知识源的特征、知识接受者的特征和知识传授发生的环境特征等。

（一）所传授知识的特征及其制度要求

所传授知识本身的内隐程度、逻辑叙述结构的完善程度等因素，影响着人们对其理解、接受的程度。

一般而言，内隐知识或内隐程度高的知识的传授需要现场的观察、揣摩，不仅难以进行大规模、大范围的传授，而且需要长时间的实践，因而传授效率不可能像外明知识那样高。而由于知识本身的逻辑关系不明确、逻辑结构不太合理，也是难以传授和掌握的。

知识的外明化程度越高，就越容易在大范围内传播。相反，如果知识的内隐化程度越高，越只能在小范围内传播。

因此，所传授知识的特性限制了知识传授的方式：一是师徒方式，这是一种小范围的知识传授方式，有利于内隐知识的传授；二是学校教育，主要以传授外明知识为主，适应大规模教育的需要。

很显然，高等教育属于学校教育，是以外明知识的传授为主的。因此，要发展高等教育，就需要以提高知识的外明化程度为基础，以利于知识的传授和共享。

然而，这并不能否定在高等教育中内隐知识传授的重要性。不仅由于在任何组织中内隐知识都是存在的，还可能占其所拥有的知识的大部分。而且，即便在外明知识的传授过程中，由于外明知识是以抽象的文字、符号或图片等形式存在的，要实现其转移，就必须将这些抽象的符号转化为具体的意义。而对这些抽象符号的具体意义的理解，则更多的是内隐知识的运用。因此，只要在教育中存在内隐知识的传授，那么，由于内隐知识传播范围和传授方式的限制，任何教育或知识传授组织的规模都是有限度的。由此可以推断，目前，在高等教育领域新兴起的网络教育、远程教育等教育方式，仍无法彻底取代传统的高等教育方式，甚至无法使"以心口相传""以心传心"的教育方式消失，教师仍在这一过程中起着至关重要的作用。

从人力资本的培养过程来看，能力，尤其是核心能力的形成，是至关重要的。然而，越是核心的能力，其相互间的差异性越高，其内隐程度也就越高，也就越难以通过大规模教育形成。这就为传统的高等教育方式的保留提供了条件。这在高素质人力资本的培养中，如研究生教育中表现得尤为突出。由此也就不难理解，近年研究生大规模扩招之后，研究生质量下降的根本原因。由于导师所带研究生数量的增加，尽管大批量教育下的研究生学习了外明知识，但至关重要的能力、内隐知识无法在这种方式下传授，从而导致研究生质量下降。当然，在这一过程中，研究生导师的数量也在增加，然而一方面，其增长速度难以满足研究生数量增长的要求，另一方面，则是进入研究生教育阶段的学生和研究生导师质量的下降。

同时，内隐知识地位的确立，意味着人们必须要承认教师可以拥有自己个人化的"知识"，允许教师对自己的教学实践可以有自己的理解，并鼓励教师经过不断反思和实践形成自己个人化的教育哲学。而且，教师一旦理解自己的内隐知识并有意识地加以利用和改造，他们的教学实践就会发生真正的转变，并从中实现自身的专业化成长。也只有做到这一点，教师才是真正懂得了教学。这就要求高校给予教师在教学中一定的自主权和自由，允许自由创造的存在。

（二）知识源的特征及其制度要求

就知识源而言，激励程度与知识源的可靠性是关键。在知识经济时代，对于个人而言，掌握知识的数量和质量往往决定着人们在竞争中的地位和优势程度。对于企业而言，核心知识更是决定了企业的竞争优势，以及在竞争中的成败。然而，如前所述，知识具有共享性和不可逆的重复使用性，一经传递或发送，便无法收回，同样的知识可根据不同的目的被人们共享和重复使用。因此，出于对权利、竞争优势及地位等的考虑，作为知识源的掌握者，往往并不情愿将自己的知识与其他人共享，除非其在知识传授的过程中得到足够的激励。这种激励，在宏观层次上，人们经常使用的是对知识产权的法律保护。而对高等教育组织内的个人而言，这是一所高校的治理机制设计问题。

同时，如果知识源的可靠性未得到确认、未被认为是值得信赖或有见识的时候，知识源的知识向外转移，将是十分困难的，其建议和示范很可能受到挑战或遇到阻力，造成其传递成本上升、效率下降。比如，知名教授的新奇观点不仅会赢得喝彩，而且更容易被学生接受和以更快的速度在学生中流传。而一般教师的类似观点，则往往会被学生质疑。因此，维护师道尊严，不仅是传统的道德要求，还具有其经济学上的含义。

（三）知识接受者的特征及其制度要求

对于知识的接受行为，同样存在着成本，如学习时间和费用等。如果知识的接受者不能预见到未来可以从知识的获取中获得收益——当然，这种收益可以是物质上的，如收入的增加，也可以是精神上的，如对获取新知识的满足感，那么，知识接受者就无法对知识的接受产生动力。因此，对于知识的接受者而言，激励同样是重要的。

从知识接受者的动力来源来看，这些激励可以来自于市场竞争，也可以是学术上的竞争和进取心。

同时，知识接受者对新知识的吸收能力和保持能力也是影响其知识接受程度的重要因素。吸收能力是知识接受者预先存在的知识存量的一个函数。因为知识接受者预先存在的知识，实质上是一个自成逻辑的体系、认知模式，如果知识的接受者对所要传授的知识一无所知，那么，其原有的知识体系、认知模式就很难在短时间内接受新的知识。只有在知识接受者对新知识有所理解，要传授的新知识才能找到在其知识体系中的位置，为其所接受。当然，学习的速度不仅与其已有知识有关，往往还与其聪明程度和努力程度有关，即与固有的天资和激励程度有关。保持能力是指只有当所传授的知识能够被保持下来，知识的传授才是有效的。如果缺乏对知识接受者有效的激励，或知识接受者缺乏对知识的吸收能力和保持能力，即便知识的发送者有意传授知识，知识的传授仍然是难以完成的。

（四）知识传授发生的环境特征及其制度要求

良好的环境有助于知识的发送者与接受者之间形成良好的沟通，而不利于双方沟通的环境，则被认为是环境中存在了障碍因素。在这里，知识传授的环境不仅是指知识的发送者与接受者之间的媒介（如物质条件、设备等），也包括有关交流的正式制度（如高等教育与外部环境的关系、内部治理结构等）和非正式制度（如学风、校风等）。而后者在很大程度上可能是更为重要的因素。由于在经济学中，假定每个行为者都是对环境的刺激被动地做出反应，因此，环境的好坏不仅直接关系到信号传输中的失真程度，而且决定了知识的发送者和接受者的行为激励方向和激励水平，因而也就构成了对知识传授效率最具有影响力的外部因素。

第五节 高等教育的知识生产职能

一、高等教育的知识生产职能及其作用

20世纪后期以来，全球经济开始发生根本性的转变，以知识为中心的经济增长逐渐取代以农业、工业为中心的经济增长。由于知识向经济与社会的核心位置跃迁，作为技能和知识存量的人力资本，其核心是人本身所拥有的外明知识和内隐知识，以及知识在社会经济发展中的核心地位。而"新增长理论"则较人力资本理论进一步地突出和强调了知识的核心作用。

相对于其他社会经济组织而言，高等教育具有知识生产的职能，高校是知识的集散地和创造源。在知识经济时代，作为知识源头的高等教育也开始从社会的"后台"步入社会的"前台"，从经济边缘走向经济中心。这主要表现在高等教育所开展的科学研究，尤其是基础科学研究所创造的知识，以及这些知识对经济发展的广泛应用，无不对国家综合竞争力具有决定意义。因此，高等教育无论是对国家，还是对个体，都具有新的重要意义，国家的贫富比人类历史上任何一个时期都更要取决于高等教育质量。

根据蒂加和申汉教授等将产业分为制造产品的部门、与产品相关的服务业、与知识和个人相关的服务部门。根据这种新的分类方法，他们对澳大利亚1966—1994年的就业状况进行了分析，从中发现澳大利亚的就业模式发生了显著的变化：从事产品制造业的人数占总人数的比例从1966年的46%下降到1994年的28%；而知识和与人相关的服务业的就业人数从1991年的25%上升到1994年的47%。[1]其原因就在于，高校不仅传播、应用知识，更重要的是生产知识，成为知识创新的主体与科技创新的源头。在发达国家，高校的研发成果往往能够顺利或直接地输送给企业和社会，高校与企业界结成有创造力的伙伴关系。

在美国，不仅大公司与高校有着密切的关系，而且高校还在中小企业创新能力形成和创新实践中扮演着重要角色。没有高校参与的R&D活动，企业回报率平均只有14%。相比之下，在有高校参与的R&D活动中，企业回报率则高达30%~40%。[2]同时，硅谷及许多高新技术园区的实践表明，直接由来自高校的高新技术专家领办的企业回报率还要高得多。

从我国的实际情况来看，我国高校拥有丰富的科技创新资源，潜藏着巨大的技术创新实力，多学科共存、交叉、渗透、融合和合作，尤其是信息技术学科对其他学科的渗透和合作，富有创造精神的中青年教师，都是高校的独特优势，也是研究高校能够成为科技创新的基地和高新技术产业孵化器的原因所在。高校已经成为中国科技创新特别是基础研究领域的生力军，一批高新科技企业重大科技创新产品的涌现，为国民经济培育了新的增长点，如北大方正、清华同方、东软集团等高新科技企业和方正电子出版系统、清华威视集装箱检测系统、东软集团医疗CT机及嵌入式软件等重大科技创新产品。

二、知识生产的特征及其制度要求

对于知识生产的个体心理过程，心理学尤其是认知理论进行了大量有价值的研究。从发生认识论的角度来讲，让·皮亚杰（1970）把人类认知视为复杂有机体之于复杂环境的一种具体的生物适应形式。适应包括同化和调节两种作用和机能，通过同化和

---

[1] （澳）蒂加，申汉.澳大利亚与知识经济-对科学技术促进经济增长的一种评价[M].柳卸林,冯瑄等译.北京：机械工业出版社，1997.
[2] （澳）蒂加，申汉.澳大利亚与知识经济-对科学技术促进经济增长的一种评价[M].柳卸林,冯瑄等译.北京：机械工业出版社，1997.

调节，认识结构不断发展，以适应新的环境。认知系统不仅仅是对所经历的事物进行简单的心理复制，而是在与环境的交互作用中，创造了关于现实世界的心理结构。卡米洛夫-史密斯（2001）认为，认知模式的调节并不是完全受外源影响，处于稳定状态的系统也可以通过自动地改进来实现，即以内省的方式实现。

由上述可知，人类通过复杂的心理过程对周围杂乱无章的世界进行心理建构，以完成其认知的过程，并通过不断地调整其认知结构和认知模式，深化其对周围环境和事物的认识，由此形成了每个个体极具个人色彩的个人知识（体系），因而这些知识是内隐的。知识的生产首先是个体的认知行为和认知过程。这在很大程度上也说明，知识（或理论）作为现实世界的模型，其获取除了在现实与理论之间以心理建构，即爱因斯坦所说的"自由联想""自由创造"为桥梁之外，别无他途。

对于这种心理建构，一方面，作为认知主体的个人，需要继承原有的知识以构建其最初的认知模式；另一方面，知识生产的产品所具有的价值在于它是对原有知识的超越，是有科学进步意义的创新，因而原创性是衡量知识价值的最基本的标准。也就是说，知识生产所要求的心理建构是在已有基础上的新的建构。这导致了知识生产具有以下特征。

一是作为一种创新过程，知识生产成果的出现具有很强的不确定性。创新的结果不仅取决于个人的研究能力、禀赋、人力资本投入的多少，同时，在很大程度上还取决于运气。这就导致了为取得某项创新成果而花费了研究者巨大的人力和物力，但是，由于研究路线的选择或其他原因，不断地经历失败，无法成功。而有些研究者却能够很幸运地在较短的时间里取得成功。尽管可以通过细致的路线设计等前期工作提高成功的概率，但并不能消除这种不确定性的存在。这尤其明显地反映在基础知识的研究领域。

二是知识生产的成果具有不可描述性或不可验证性。绝大部分的基础知识创新和技术创新，其价值都难以用法律条文或某种客观的标准来描述和评价，因而无法由公众或权威的仲裁机构来认定，只能在学术圈内部以"共识"的方式加以评价。

三是知识生产主体的投入和行动，具有不可观察性。知识生产活动主要是脑力劳动，投入的主要是人力资本。由于思考过程是不可观察的，投入的知识和人力资本也同样是不可观察的，使得该过程不可能像物质产品的生产过程那样，能够进行有效的监督和管理，因而导致行为主体道德风险的存在。

知识生产的特征决定了，它是人类社会中最为复杂的生产活动。这种复杂性不仅表现在它的价值认定上，而且更表现在其监督和激励机制的设计上。

这就不仅要求在知识生产的过程中给知识生产者以"自由联想""自由创造"的权利和空间，还必须设计恰当的监督和激励机制，以创造鼓励知识生产的内外部环境。同时，要将这些极具个人色彩的个人知识转化成为共同知识，即外明知识或科学知识，还必须要经过从内隐知识到外明知识的过程，即外明、表达的过程。这一过程按照一套人们共同认可的逻辑方式，在共同的规则下，将个体的心理表征结构和表征程序向外界进行表达，进而以文字、符号等形成外界可理解的逻辑体系或其中的一个部分。

在教学过程中，必须要特别注重培养学生的想象力和创新能力，为知识生产提供源源不断的生力军。当然，还必须看到，知识生产者的"自由联想""自由创造"的能力是有差异的，因而并不是所有的学生都可以培养为知识的生产者，其中的大部分仍需以知识的使用为主要职业。

三、知识生产中的合作、共享及其制度要求

（一）社会宏观层次的知识合作、共享及其制度要求

知识生产既是一个个体的认知过程，也是知识生产者之间合作、讨论和知识的共享的过程。在这个过程中不仅包括外明知识，更包括内隐知识。首先是因为与劳动分工相对应的知识的分工。从知识分工的角度来看，每个人所掌握的只是相互联系的知识链条中的某些环节，因而使知识与知识之间在结构上存在着互补性和互替性两种关系，从而在客观上要求人们在社会整体的层次上进行合作和实现对知识的共享。而这又要求其有共同的知识平台，不至于知识生产者由于对相同符号的不同理解而造成沟通困难，即需要共同的符号体系、学术规则、叙述传统、逻辑形式等，从而实现在知识分子间是可对话的。只有如此，知识才是科学的。

从这个意义上讲，科学只是一个具有明确意义的、叙述的逻辑体系，是系统化的知识，也因而使知识具有了累积性和累积能力，即后来者可以在理解、掌握前人知识的基础上，做进一步的创新，而不是一切从头开始。而且，在知识的不同逻辑叙述体系间的相互交流、对比中，可以发现、比较已有知识在逻辑体系、结构等方面的缺陷，

从而促进知识的完善和发展。这就意味着，知识的发展需要信息的交流、争论，在一定学术规则下的热烈的学术讨论是知识生产的理想环境，知识生产者的理想职业不应是"灯塔的守望者"，而应是"搬山者"。离开交流、讨论的环境，无法进行思维碰撞，学者难以从外界获取新的信息、来自同行挑战的刺激等，就失去了对其心理结构进行调整的一个重要动力来源，只能依靠内省的力量，因而其创新能力很快就会下降。同时，科学必须是可检验的、可证伪的，以便从各种观点中通过相互的交流、对比，来筛选那些暂时可靠的知识。

这就要求相关部门创设一个有利于知识生产的制度体系保证其运行。

首先，需要建立一个有利于知识累积的平台、科学技术结构。从历史上看，西方在16、17世纪，确定了构造性自然观和受控实验系统。而技术发展高峰的出现要等到18世纪的工业革命。这表明，科学成果的社会化需要两个历史条件：开放的市场经济结构的确立；适应构造性自然观和受控实验系统的近代开放性技术结构的形成。因此，有学者指出，近代科学技术结构的形成与发展需要三个必要条件：①原始科学结构的种子。②大一统型的通信技术。③社会结构的转化，即由封闭型向开放型社会转化。

现代科学结构把经验——实验和观察作为知识的基础和最基本的检验方式，其重要性不仅在于建立了知识体系的全新基础，而且还在于隐喻了人类不再必须相信杰出权威的话，任何断言和理论都可以用实验加以检验。因此，科学注重的不再是著述者的资格和学问，而是其报告的真实性，以及其对科学方法的真正理解和对实验与观察的熟练程度。从这个意义上来讲，科学的发展（知识生产）获得了民主和自由，更多地依赖于适当的方法，而不是少数人的见识。这也为科学的持续发展提供了基本保证。

其次，要建立知识产权保护与激励机制。一般而言，知识或技术创新所生成的新知识，在本质上是一种公共物品，具有很强的溢出效应，即正的外部性。这种极强的正的外部性使其社会价值很难被准确地估计出来，也无法通过市场机制来确定。虽然现行的保护知识产权的法律和制度，如专利保护制度，可以通过法律的方式使得技术创新的所有者成为独占者，从而使其将创新的外部收益内生化，但是，这种垄断体制对于知识的传播是事后无效率的。此外，基础知识的创新，以及大部分应用知识和技术的创新，由于其应用边界和价值特性无法准确描述而不能申请专利保护。因此，能够以法律等方式内生化收益的知识创新往往是能够以某种方式确定其价值的。这还需要以著作权等其他方式对剩余的多数知识创新进行保护和激励。

（二）组织层次的知识合作、共享及其制度要求

以上主要是从外明知识在整个社会层次上被利用的角度，来考察知识生产中的知识共享与合作。而内隐知识往往只能在较小范围内得到有效的利用，且由于内隐知识在整个知识体系中所占的重要地位，对内隐知识的利用，不仅对于知识生产，而且对于整个社会生产，都具有重要的作用。因此，如何在小范围内有效地使用内隐知识，同样是知识生产中的一个重要课题。

从内隐知识和外明知识相互关系的角度来看，知识生产是外明知识与内隐知识之间交互作用的一个螺旋式上升的过程。

对于具体的组织而言，野中郁次郎（1998）提出了两类知识在组织内部相互转化的四种模式，以及与之相对应的四种"场"（ba），作为知识生产和转化的组织基础。

1. 社会化（Socialization）与"源发场"（Originating ba）

社会化是指个人间分享隐性知识的过程，主要通过观察、模仿和亲身实践等形式，使内隐知识在组织内得以传递。在与之对应的源发场中，个体间的沟通障碍被消除，人们共享有关感觉、情绪、经验和心智的内隐知识。这就需要组织：一是建设组织文化，建立组织内的共有价值体系，鼓励向组织中的其他成员学习。通过树立榜样、建立激励机制等方式，鼓励成员向组织贡献自己的知识、为组织的远景目标贡献自己的力量。塑造共同的知识愿景，使组织成员看到知识共享所带来的巨大回报。二是建立灵活开放的、扁平化的组织结构，消除组织内各部门间的交流壁垒，并与外界建立友好的沟通界面，为个体间的沟通和交流建立良好的基础。

2. 外部化（Externalization）与"互动场"（Interacting ba）

外部化是对内隐知识的明晰表述，将其转化成别人容易理解的形式，主要依赖于类比、隐喻、假设、倾听和深度会谈的方式，来推动内隐知识向外明知识的转化。与之对应的是互动场。组织通过选择适当的具有特定知识和能力的人，组成项目团队、任务小组、交叉功能团队，由这样一群个体提供一个知识交流的场所。通过交流和对话，个体的心智模式和技能转化为团队共同的术语和概念，个体享有了他人的心智模式，同时也促发了个体对自己所持心智模式的反思和分析。

3. 联合化（Combination）与"网络场"（Cyber ba）

联合化是将外明知识转化为更为复杂的、系统的外明知识的过程。这首先是捕捉

和整合新的外明知识。其次是直接传播外明知识，使新的外明知识在组织成员中传递。最后是编辑和加工外明知识，使其变得更为可用。由此，个人知识上升为组织知识，从而能更方便地为更多人共享。与之对应的是网络场。这是一种由虚拟世界代替真实时空的"场"。在这里，新的外明知识与已有的外明知识连接，并被组合、储存，由组织中的全部成员共享。

4. 内在化（Internalization）与"训练场"（Exercising ba）

内在化是将新的外明知识转化为组织的内隐知识的过程，即外明的组织知识转化为组织中其他成员的内隐知识，组织成员接收了联合化的知识后，可以通过团体工作、工作培训将其用于工作中，并创造出新的内隐知识。而与之对应的训练场支持外明知识的内在化，促进外明知识转化为组织的内隐知识，从而使组织具有自身独特的性质。组织需要通过培训将外明知识传递给成员，但常规的学习过程只能传授其他组织也同样可以获得的知识，而对外明知识的实际运用，可以不断强化知识的内在化过程，使外明知识增加内隐的成分。因此，知识内在化的培训，特别注重通过在职培训，进行持续自我强化的学习、岗位轮换和积极参与。

知识的转化、传递和创造是一个动态的、递进的过程，当组织的内隐知识完成一次知识螺旋运动并转化为新的内隐知识时，新一轮的知识螺旋又开始了。

然而，组织内部的知识共享，并非在任何情况下都会自动实现。由于知识的独占已成为人们提升地位的基本条件，而组织成员间又存在一定的竞争关系，使得组织成员往往出于自身利益的考虑和避免因说出真实想法而陷入尴尬的境地，而不愿转移自己的知识。同时，组织成员的专业领域和知识结构如果差异很大，不仅会增加知识转移者的成本，而且会对各自所提供的共享知识的价值评价产生很大差异，使某些知识转移者觉得，获得的知识补偿很低，因而不愿继续转移自己的知识。

这就要求：一是建立知识互惠机制，确保每位成员向其他成员提供自己拥有的知识，都会得到其他成员提供价值相当的知识作为补偿。二是在成员间建立起广泛的信任关系。三是建立激励机制，给予知识的提供者以各种形式的、预期稳定的鼓励，这可以是精神上的，如通过组织的确认，提高其在组织中的声望，也可以是物质奖励，如一次性的奖励或工资水平的提高。

第六节 高等教育的服务社会职能

在现代的高等教育中，服务社会职能已经由以前的间接职能转变为直接职能。如果高等教育只是通过知识传授和知识生产来促进社会进步和经济发展，那么，这种作用仍是间接的。而从19世纪中期开始，美国大学开风气之先，跳过这种间接的方式，直接利用大学所拥有的知识资源、人力资源和物质资源，为社会经济活动提供服务。高等教育服务社会职能的执行方式主要是大学通过建立长期的合作伙伴关系、签订短期契约、委托项目等方式，为各级政府、企业或个人，提供管理和技术咨询、技术服务、科研成果转让和转化等服务。大学则在这个过程中，获得服务回报。这实质上就是大学对其知识资源和人力资源的实际应用（即应用型科研活动）并出售其成果的过程。知识资源和人力资源在这个过程中的使用，仍是一个知识生产的过程，其特征决定了在大学内部建立怎样的治理机制才是有效的。而其产出的特征则决定了大学与外部的关系特征和制度要求。

高等教育的服务社会职能的产出主要是以知识产品的形式出现的。在现代社会，知识作为一种十分重要的资源，能带来巨大的收益，因而具有商品性质。由于知识点共享性和在创造过程中需要耗费成本，为鼓励知识生产活动，就必须对知识产品予以产权保护。

从知识产权的内容来看，其核心是发明权或发现权，这是一种优先权。由这种优先权带来另两项权利：一是人身权，是指社会和他人对其创造性作品的承认和精神鼓励，主要是署名权。二是财产权，如所有权、收益权和处分权等。这两类权利并不一定是同时都能享有的，如基础性研究的论文、著作主要是通过署名权带来荣誉，只有人身权。而对一些保密技术而言，发现人放弃了署名权等人身权，但是，可能享有更多的财产权。

由于知识的共享性特征，以及外明知识能迅速传播、易于掌握的特点，使得他人可轻易地获得发明人的知识产品而进行应用和收益。

因此，知识产权的权利实现有两条途径。一是保密。严密控制和限制知识的传播，从而独享知识带来的效益。二是注册登记。通过国家的行政部门确认知识财产的权利人，来保证权利的实现。这需要通过一系列的社会机构来予以保障，如注册登记机构、检查机构、执法保护机构等。这也使得知识产权具有以下特征。

第一，知识产权是一种无形财产权。知识产权所保护的客体是一种没有形体的精神财富。客体的非物质性是指知识产权的本质属性和特征，也是该项权利与有形财产所有权相区别的最根本的标志。

第二，知识产权的法律确认性，即知识产权必须经专门的法律给予直接的确认才能产生。知识产权没有形体，不占有空间，难以实际控制。因此，虽然法律规定知识产权是一种民事权利，但并不意味着每个公民对自己头脑中的知识和聪明才智享有民事权利。法律仅承认该种民事权利的客体是智力成果，而非智力本身。因而，知识产权的承认与保护，通常需要法律上的直接具体的规定。

第三，知识产权的专有性，即垄断性或独占性。智力成果可以同时为多个主体所使用，因此，大多数的知识产权具有法律授予的独占权、排他性，这就使得对同一项智力成果不能同时存在两个或两个以上的所有权人。

第四，知识产权的地域性，即知识产权只能在授予国范围内得到法律保护。就此而言，知识产权有别于财产权。

第五，知识产权的时间性，即知识产权都有法定的保护期限，有效期限一旦届满，权利就自行终止或消灭，相关智力成果即成为整个社会的共同财富，任何人均可自由利用。

综上所述，高等教育的三大基本职能，不仅决定了高等教育在社会经济发展中所具有的地位和作用，这些基本职能的实现方式、特征及其要求，也决定了高等教育的组织和运行的基本模式、特征和规律，以及应该采取的内部组织结构和它所要求的适宜的外部环境。

第七节　高等教育的发展趋势

随着经济全球化和知识经济的发展，世界高等教育正在发生着深刻的变化。这主要表现在规模速度、结构形式、资金筹措、绩效责任和对经济发展贡献等方面。世界高等教育发展的基本趋势是办学体制多元化、社会功能日益突出、高等教育终身化以及与企业界密切合作。在此背景下，我国高等教育也发生了翻天覆地的变化。面对新的形势，我国高等教育要不断提高高等教育质量，提高人才培养质量，提升科学研究水平，增强社会服务能力，优化结构办出特色，以适应我国经济社会发展的需求。

一、世界高等教育发展的现状

（一）高等教育规模的持续增长

（1）学生人数增加：全球范围内，高等教育的学生人数持续增加。这主要归因于全球人口增长，以及越来越多的人追求高等教育以提高就业机会和获得更好的生活质量。

（2）国际学生流动：国际学生流动一直在增长，许多学生前往其他国家接受高等教育。这不仅是因为一些国家的教育体系完善、教育质量较高，还因为国际学生可以获得跨文化体验和更广泛就业机会。

（3）在线教育的崛起：数字技术的发展使在线教育变得更加普遍，也使得更多人能够获得高等教育。许多高校和学院提供在线课程，使学习更加灵活和可访问。

（4）教育投资：许多国家意识到高等教育的重要性，因此在教育领域增加了投资。这包括扩建校园，提高教育质量，提供奖学金和助学金等措施。

（5）职业需求：随着经济和科技的发展，许多职业对更高的教育水平提出了更高的要求。这导致了更多人选择追求本科和研究生学位，以满足市场需求。

（二）高等教育结构与形式的多样化

世界高等教育出现了多样化的变化趋势，高等教育的多样化已成为世界许多国家的共同选择。综合大学或公立大学的作用日渐突出，私立大学或民办大学已成为高等教育发展不可忽视的力量，网络大学作为一支快速发展的新生力量日益显示出勃勃生机。许多国家和高校本身都已经或者正在对高校的结构、形式，以及教学、培训和学习方法进行深刻的改革。

1. 非传统高校的发展和教育课程的多样化

如许多国家建立了新型的传统大学的替代性机构，促进了非传统高校的发展。

2. 私立教育机构的发展

由于高等教育需求的快速增长而公共资源有限，使得私立高等教育机构在许多国家蓬勃发展。

3. 新型的学习和传授方式更加多元化

远程教育、网络学习等更加灵活的学习方式的发展，促进了更大范围的学生入学，也满足了日益增长的多样化的学习需求。

这样做的直接结果之一是几乎世界各地区的高等教育都趋向多样化。虽然有些高校，尤其是珍视悠久传统的大学对这一变革有一定程度地抵触，但从总体上说，世界高等教育已在较短时期内发生了意义深远的变革，实现了一定程度的结构与形式的多样化。

此外，大多数国家学生群体的社会经济背景、种族和前期教育的构成发生了变化。当前，高等教育机构吸纳了大量非传统的学生，这些不是直接从中学毕业的学生，其性别、社会经济状况和种族背景可能既非来自主流社会群体，也可能不在全日制、以课堂为基础的模式中学习。这种多样化反映了对高等教育日益增长及随之而来的大发展的社会需求。

4. 促进高等教育多样化的原因

导致高等教育变革的原因有内部的，也有外部的，以下诸因素在促进高等教育多样化方面起了特别重要的作用。

（1）社会对高等教育的需求大大增加，因而高校必须满足越来越多样化的对象的需求，特别是满足全民终身教育的需求。

（2）劳务市场的需求在不断变化，要求高等教育机构根据经济全球化和地区化的趋势，在新的专业技术与管理领域和新的环境中提供培训。

（3）新的信息与传播技术迅速发展，及其在高校各种职能与需求中的应用得到不断提高。

（4）由于公共高校经费锐减，从而迫使高校设计效益更高的各种不同的课程与教学手段。

（三）高等教育资金筹措方式的多元化

在传统观念中，高等教育是一种"公益事业"，政府应承担其费用。但随着世界高等教育规模的迅速扩张，高校资金短缺成为近年来各国高等教育普遍面临的问题。无论在发达国家，还是在发展中国家，高校的学生人数迅猛增加，高等教育的费用变得越来越昂贵，而国家的实际财政拨款却无法以相应的幅度增加，从而导致全球性高等教育经费相对短缺和高等教育公共开支的明显倒退。为应对与高等教育大众化相伴而生的高等教育财政危机，许多国家纷纷采取加大政府投入、吸纳社会资金、推行教育成本分担等举措来为高等教育的发展提供资金保障。

1. 加大政府投入

从 20 世纪 80 年代至今，世界范围内的政府公共教育经费增加了近一倍，发达国家和一些新兴工业化国家的教育投入已占国民生产总值的 5% 以上。无论是教育公共经常开支占政府总开支的百分比，还是高等教育公共经常开支占教育公共经常总开支的百分比，都日趋加大。

2. 广泛吸纳社会资金

在一些国家，高校通过针对一定的政策目标组织实施项目，如引入创新课程、改进管理实践、增强与周边社区的合作得到相当数量的公共资金。以项目为基础的定向拨款往往通过竞争或对项目书评估的方式进行，分配给高校的重大资金项目更体现出以产出效果为导向。在许多国家，给高校公共资金的拨款方案与学生毕业率相联系。科研基金也往往更多地通过竞争程序，而不是一揽子地定向拨款给某个具体项目。

3. 采取收取学费等举措

近年来，不少国家通过收费和增加学费，以增加学校的财政来源。此外，也有国家通过科研商业化和机构设施与人员使用的商业化，进一步调动起私人资源。据有关资料报道，美国高校采取多元化的经费投资体制，一般通过免税政策、联邦政府拨款、州政府拨款、地方政府拨款、捐款、学费收入、大学基金收益、各类基金会资助、吸收留学生或海外办学、提供社会服务和产学结合、校内附属事业等途径获得直接或间接的办学经费。

（四）高等教育绩效责任日益被重视

从 20 世纪 80 年代初开始，质量保证成为高等教育的一个重要议题。为解决高等教育大众化带来的数量与质量之间的矛盾，美国制定了明确的高校分类标准；英国成立了"质量保证署"，通过加强评估与监督，全面提高课程设置及其内容的学术标准，来提高高等教育的质量与效率；韩国通过兴办实验大学，推行"中期淘汰""毕业定额制"，对教学管理进行改革，从而提高教学质量。

由于公共资金有限性加大了政府的压力，而削减预算和紧缩教育支出必然会影响高等教育的质量和产品。此外，日益增长的市场压力更加要求加强高等教育的绩效责任。例如，在美国，家长和学生抵制大幅度提高学费，要求高等教育机构进一步加强质量绩效责任和成本核算。

二、世界高等教育的发展趋势

（一）高等教育办学体制由单一向多元转变

教育和人才已经成为当今世界经济增长的决定性因素，以往靠政府为主出资办教育，或者由全日制正规学校独揽教育职能的格局，已无法满足社会经济发展对教育和人才的需求。各国高等教育大众化的发展过程，都有一个共同的特点，即鼓励多种形式办学，发展新的办学形式，如开放大学、广播电视大学、成人继续教育学院，以及跨国界联合办学等。可以预见，无论在发达国家，还是在发展中国家，都将或早或晚地出现普及高等教育的发展态势。中等教育的普及、社会的普遍公正，以及全民终身教育的客观要求，是推动高等教育普及的重要因素。

此外，开放式学习方法，以及信息和传播新技术等均是扩展高等教育的因素，尤其为一些新的社会群体接受高等教育提供了更多的可能性。这种普及意味着将有更多的人接受某些形式的高等教育或中学后教育，每个公民将获得高级培训、技能和知识的机会。

（二）高等教育社会化功能愈加突出

随着高等教育从社会的边缘走向社会的中心，其在不同领域发挥着社会服务功能，包括决策咨询的智囊作用、经济和社会发展的技术服务和智力支持作用，乃至直接为社区建设和不同人群提供各种服务，使高等教育在推动社会全面进步的进程中，不断实现自身的变革和创新，更新和完善教育形态，从而在更高层次上树立社会发展的使命感和责任感，增强全面服务社会、引领社会的自觉性和前瞻能力。

（三）高等教育将成为终身教育的一个组成部分

随着科学技术和经济的飞速发展，科学和知识也在快速增长。这意味着大学生在校期间学到的知识在毕业时必然会产生老化、过时的问题。因此，大学毕业不再是个人受教育的终结，而只是另一种学习形态的开始，接受不同形式的高等教育将贯穿学生以后的生涯。

目前，在欧美和亚洲一些国家和地区，终身学习体系已经发展得相当普遍，且颇见成效。因此，对高校来说，这一深刻的变革意味着高等教育必须变得更加多样化和更具灵活性，以此来适应社会的需求和愿望的变化。多样化和灵活性也意味着高校将具有迅速满足甚至预测新需求的能力；使结构灵活多变的能力；改变录取标准，以考虑职业生活经验的能力。而开放式学习方法、远距离教学，以及信息和传播技术等，均大大增加了高等教育实现终身教育的可能性。

（四）高等教育将进一步国际化

高等教育日益国际化首先是教学与科研全球性的一种反映。由于知识具有普遍性，因而知识的深化、发展和传播，使学术生活和高校、科学协会及学生组织具有了国际特征。高等教育进一步国际化，体现在课程内容世界化、交换办学经验、交换情报资料、参与世界学术活动和合作研究与开发项目、交换学者和互派留学生、国际互联网的建立等方面。高等教育进一步国际化将有助于缩小国家之间、地区之间在科技方面的差距，有助于增进人与人之间和民族与民族之间的了解。

（五）高校与企业界密切合作

传统高校虽然经过几百年的发展，具备了知识传授、知识生产和服务社会三大职能，但是长期以来它们总是坚守自己的学术堡垒，与企业界少有联系。可是到20世纪七八十年代，这种情况有了很大的改变。其主要原因是科学技术的快速发展把高校推到新的科技革命的前沿，承担起了国家科技创新体系的主力军的任务，而国家支撑的教育经费却在不断地减少。

因此，从1981年开始英国的大学率先扔掉"反商业"的观点，积极与企业界联系。例如，成立于20世纪60年代的英国沃里克大学，先后建立了沃里克制造业集团、工商管理硕士和行政官员训练课程、会议中心、沃里克科学园区等单位，创收大量资金，同时学科得到很大发展，成为"英国最受人欢迎的大学之一"。法国、美国等国的大学也在20世纪七八十年代加强了与企业界的联系。

1989年的《法国教育指导法》强调，大学要重视把科研转变为生产力，政府鼓励大学面向社会，通过提供科技服务满足工业界的需求。美国白宫科学委员会在1986年提出了《重建伙伴关系》的报告，指出美国要重建大学与工业相互关系。在这个思想推动下，国家基金会在大学建立了一批工程研究中心（ERC）。

正是由于大学积极与企业联系，出现了教育机构（尤其是科技人才密集的名牌大学）对产业活动的主动介入、校办科技型企业的兴起、对学校品牌和收益的主动追求、教育界"产业意识"的觉醒和"企业家精神"的增强。这不仅开拓了高等教育的财源，同时拓展大学的教学和研究领域，促进了大学的发展。

三、我国高等教育的发展任务

2010年7月，我国制定并实施的《国家中长期教育改革和发展规划纲要（2010—2020年）》（以下简称《纲要》），对新形势下我国高等教育的发展提出了明确的目标和要求。《纲要》指出：当今世界正处在大发展、大变革、大调整时期。世界多极化、经济全球化深入发展，科技进步日新月异，人才竞争日趋激烈。我国正处在改革发展的关键阶段，经济建设、政治建设、文化建设、社会建设以及生态文明建设全面推进，工业化、信息化、城镇化、市场化、国际化深入发展，人口、资源、环境压力日益加大，经济发展方式加快转变，都凸显了提高国民素质、培养创新人才的重要性和紧迫性。中国未来发展、中华民族伟大复兴，关键靠人才，基础在教育。面对前所未有的机遇和挑战，必须清醒认识到，我国教育还不完全适应国家经济社会发展和人民群众接受良好教育的要求。教育观念相对落后，内容方法比较陈旧，中小学生课业负担过重，素质教育推进困难；学生适应社会和就业创业能力不强，创新型、实用型、复合型人才紧缺；教育体制机制不完善，学校办学活力不足；教育结构和布局不尽合理，城乡、区域教育发展不平衡，贫困地区、民族地区教育发展滞后；教育投入不足，教育优先发展的战略地位尚未得到完全落实。接受良好教育成为人民群众强烈期盼，深化教育改革成为全社会共同心声。

在《纲要》的总体战略部分，对我国高等教育的发展明确提出了五个方面的任务。

（一）全面提高高等教育质量

《纲要》指出，高等教育承担着培养高级专门人才、发展科学技术文化、促进社会主义现代化建设的重大任务。提高质量是高等教育发展的核心任务，是建设高等教育强国的基本要求。

（二）提高人才培养质量

牢固确立人才培养在高校工作中的中心地位，着力培养信念执着、品德优良、知识丰富、本领过硬的高素质专门人才和拔尖创新人才。

1. 加大教学投入

把教学作为教师考核的首要内容，把教授为低年级学生授课作为重要制度。加强实验室、校内外实习基地、课程教材等基本建设。

2. 深化教学改革

推进和完善学分制，实行弹性学制，促进文理交融。支持学生参与科学研究，强化实践教学环节。加强就业创业教育和就业指导服务。创立高校与科研院所、行业、企业联合培养人才的新机制。全面实施"高校本科教学质量与教学改革工程"。

3. 严格教学管理

健全教学质量保障体系，改进高校教学评估。充分调动学生学习的积极性和主动性，激励学生刻苦学习，增强诚信意识，养成良好学风。

4. 大力推进研究生培养机制改革

建立以科学与工程技术研究为主导的导师责任制和导师项目资助制，推行产学研联合培养研究生的"双导师制"。实施"研究生教育创新计划"。加强管理，不断提高研究生，特别是博士生培养质量。

（三）提升科学研究水平

充分发挥高校在国家创新体系中的重要作用，鼓励高校在知识创新、技术创新、国防科技创新和区域创新中做出贡献。大力开展自然科学、技术科学、哲学社会科学研究。坚持服务国家目标与鼓励自由探索相结合，加强基础研究；以重大现实问题为主攻方向，加强应用研究。

促进高校、科研院所、企业科技教育资源共享，推动高校创新组织模式，培育跨学科、跨领域的科研与教学相结合的团队。促进科研与教学互动、与创新人才培养相结合。充分发挥研究生在科学研究中的作用。加强高校重点科研创新基地与科技创新平台建设。完善以创新和质量为导向的科研评价机制。积极参与马克思主义理论研究和建设工程。深入实施"高校哲学社会科学繁荣计划"。

（四）增强社会服务能力

高校要牢固树立主动为社会服务的意识，全方位开展服务。推进产学研相结合，加快科技成果转化，规范校办产业发展。为社会成员提供继续教育服务。开展科学普及工作，提高公众科学素质和人文素质。

积极推进文化传播，弘扬优秀传统文化，发展先进文化。积极参与决策咨询，主动开展前瞻性、对策性研究，充分发挥智囊团、思想库作用。鼓励师生开展志愿服务。

（五）优化结构办出特色

适应国家和区域经济社会发展的需求，建立动态调整机制，不断优化高等教育结构。优化学科专业、类型、层次结构，促进多学科交叉和融合。重点扩大应用型、复合型、技能型人才培养规模。加快发展专业学位研究生教育。优化区域布局结构。设立支持地方高等教育专项资金，实施"中西部高等教育振兴计划"。新增招生计划向中西部高等教育资源短缺地区倾斜，扩大东部高校在中西部地区招生规模，加大东部高校对西部高校对口支援力度。鼓励东部地区高等教育率先发展。建立完善军民结合、寓军于民的军队人才培养体系。建立高校分类体系，实行分类管理。发挥政策指导和资源配置的作用，引导高校合理定位，克服同质化倾向，形成各自的办学理念和风格，在不同层次、不同领域办出特色，争创一流。

加快建设一流大学和一流学科。以重点学科建设为基础，继续实施"985工程"和优势学科创新平台建设，继续实施"211工程"和启动特色重点学科项目。改进管理模式，引入竞争机制，实行绩效评估，进行动态管理。鼓励学校优势学科面向世界，支持参与和设立国际学术合作组织、国际科学计划，支持与境外高水平教育、科研机构建立联合研发基地。加快创建世界一流大学和高水平大学的步伐，培养一批拔尖创新人才，形成一批世界一流学科，产生一批国际领先的原创性成果，为提升我国综合国力贡献力量。

同时，《纲要》针对完善中国特色现代大学制度提出了明确的要求。

要完善治理结构。公办高校要坚持和完善党委领导下的校长负责制。健全议事规则与决策程序，依法落实党委、校长职权。完善大学校长选拔任用办法。充分发挥学术委员会在学科建设、学术评价、学术发展中的重要作用。

探索教授治学的有效途径，充分发挥教授在教学、学术研究和学校管理中的作用。加强教职工代表大会、学生代表大会建设，发挥群众团体的作用。加强章程建设。各类高校应依法制定章程，依照章程规定管理学校。尊重学术自由，营造宽松的学术环境。

全面实行聘任制度和岗位管理制度。确立科学的考核评价和激励机制。探索建立高校理事会或董事会，健全社会支持和监督学校发展的长效机制。探索高校与行业、企业密切合作共建的模式，推进高校与科研院所、社会团体的资源共享，形成协调合作的有效机制，提高服务经济建设和社会发展的能力。推进高校后勤社会化改革。

推进专业评价，鼓励专门机构和社会中介机构对高校学科、专业、课程等水平和质量进行评估。建立科学、规范的评估制度。探索与国际高水平教育评价机构合作，形成中国特色学校评价模式。建立高校质量年度报告发布制度。

四、我国高等教育的发展趋势

随着全球高等教育的普及，我国高等教育的改革面临新的任务。

（一）在发展方向上

未来我国的高等教育要以提高质量为导向。提高教学质量是各级各类学校办学的永恒主题。教育部从2003年开始实施了"高校教学质量与教学改革工程"，此后每年都把提高教学质量作为工作重点，之后又启动规模更大的"教学质量工程"。

（二）在发展路径上

要以加强世界一流大学和高水平大学建设为重点。我国要实现长时期持续健康发展，增强自主创新能力，建设创新型国家和人力资源强国，必须以更加广阔的视野、更加开放的姿态、更加执着的努力，加快推进建设世界一流大学和高水平大学的步伐。要采取强有力的措施，集中国家力量，加大投入，促进我国世界一流大学和高水平大学建设的新的发展。

（三）在发展机制上

要注重自我约束、自我发展，构建高校可持续发展良性机制。目前，一些高校仍注重在招生数量上发展，注重规格升级，注重更改校名。这反映出了我国高校仍然在不断地发展、改革、调整和转型之中，也说明我国高校内部尚未完全建立良性的、以质量提高为主的机制。

为防止和限制过度的外延式发展，不仅需要必要的管理和限制，更需要通过制度建设，促使高校产生自我约束和自我发展的机制，推进高校的健康发展。

（四）在人才培养上

要牢固确立人才培养在高校工作中的中心地位，着力培养信念执着、品德优良、知识丰富、本领过硬的高素质专门人才和拔尖创新人才。加大教学投入。教师要把教学作为首要任务，不断提高教育教学水平；加强实验室、校内外实习基地、课程教材等教学基本建设。

（五）在改革内容上

着重处理好政府依法管理与学校依法自主办学的关系。深化高等教育体制改革，明确中央政府和地方政府在高校的管理和投入上的职责权限。改进高校自主权和政府行政权之间的关系，规范政府及其职能部门、高校主管部门与高校的管理职责权限，落实高校办学自主权。深化高校内部体制改革，加大推进依法治校的力度，进一步推动高校制度建设，促进高校形成法律治理结构。坚持和完善党委领导下的校长负责制。健全学校的领导管理体制，健全高校的决策、议事、监督机制，发挥教授在治学中的主导作用，保障教职员工和学生参与学校民主管理的权利。加强对高校的法律监督。

（六）在组织功能上

明确赋予高校繁荣社会主义先进文化的重要任务。高举中国特色社会主义理论伟大旗帜，强化高校的综合研究力量和哲学社会科学研究力量，对于世界形势发展、国际政治经济文化教育现象阐述自己的观点，对于当代中国社会主义的重要问题进行深入的研究，形成中国特色的社会理论体系和文化解释体系，努力掌握当代文化发展和意识形态的话语权。同时，促进大学文化发展，倡导大学精神确立，形成高校良好的思想政治和文化建设氛围，为推动社会主义文化繁荣和创新做出自己的贡献。

五、我国高校的新变化

1. 高校功能发生了巨大的变化

探讨高校管理体制变革，最基本的前提就是要准确把握高校新的功能定位。不了解高校的功能，就无法思考高校管理体制改革的必要性，更无法创新高校发展模式。高校具有三大职能，即知识传授、知识生产和服务社会。但高校从其诞生以来，聚集大量科技、文化精英，通过知识传播、知识创造，以及与社会的互动而对社会文化有着巨大的影响。也就是说，高校具有与生俱来的、更为独有的、影响更为深远的引领文化的社会功能。

高校不仅具有传统的传播学术思想和知识体系的学术功能，维护和宣传意识形态的政治功能，提升公民整体素质的社会功能。同时，在市场经济体制下，高校还具有以人力资源培育为主导目标的经济功能。高校管理体制改革的目标之一，就是要建立调动教师教书育人积极性和学生学习积极性的良好运行机制，达到提高教师、培养学生的最终目的，进而实现高校的四大功能。

2.高校管理权力主体发生了重大变化

随着经济体制改革向纵深发展，各类市场主体逐渐介入一直相对保守的教育领域，政府的教育垄断地位受到动摇。高校管理权力主体的变化，使社会可利用的教育资源迅速增多，传统的精英教育向大众教育回归，作为公共服务形式的高等教育也从纯公共产品向准公共产品回归，提供高等教育服务产品的生产和供给途径，不仅有政府的公共途径，而且有非政府的市场途径。

3.作为服务产品的高校教育效用发生了根本性改变

作为服务产品的高校教育效用即指大学生的求学目标，但用教育经济学的话语体系来讲，它包含了更广泛的含义。

今天大学生接受教育服务的"效用"，除具有一般的提升为社会服务的公民素质之外，更重要的在于职业技能的需要、创业能力的培养，并把其作为个人自我价值实现的某种手段。高校教育作为一种"准公共产品"，与传统的"公共教育"相比，不仅在效用形式上由单一化向多元化转变，而且在实现效用的方式上也由长期性向非长期性转变。

4.高校教育形式发生了新的变化

除传统的校园式高校教育之外，成人教育、远程教育、网络教育等新的教育形式不断涌现。高校教育形式的变化，还突出地表现为改革传统的教学形式的要求越来越紧迫。

自由式的课堂讨论、案例教学、多样化的课程体系和教材体系、开放式的考试制度等，给高校教学形式改革带来了新气象。这些新的教育形式变革以及在探索过程中引发的争鸣，也为进一步推动高校教育形式变革提出了更高的要求。

总之，当今高校管理体制改革是立足于高校管理实践的基础之上，其目的在于，在高等教育理念革新的指引下，努力推动高校管理体制实现"三个转变"，即在高等教育理念上，把高等教育当成人们的公共服务需求，而不只是政府单一管制下的社会管理工具；在高等教育的社会功能作用上，把高等教育当成社会公共事业，而不只是政府的行政职能；在高校的社会地位定位上，把高校看作是一个拥有充分自主权的组织，而不再只是政府的一个部门或附属机构。高校的这些变化，对高校管理体制改革提出了新要求。

第二章 高校教育教学中的学习理论

第一节 行为主义的学习理论

一、学习的实质

行为主义是心理学的一个重要流派，其思想起源于20世纪初的美国。行为主义主张心理学应该研究可以被观察和直接测量的行为，反对研究"看不见"的意识，认为人和动物行为的产生皆是由环境中的刺激所产生的反应，环境对人的发展起着重要的作用。因此，受行为主义影响的学习观认为学习的结果是行为的变化，对学习的解释聚焦于外部事件。行为主义认为知识是一成不变的，学习的实质是通过刺激—反应建立联结获得对事实、技能和概念的认识。教师在学习中扮演管理者、监督者的角色，负责纠正学生的错误行为；而学生在学习中只需要被动接收信息。

二、行为主义学习理论

（一）经典条件作用论

1. 非条件反射和经典条件反射

在日常生活中，我们有很多无意识的、自动化的反应，比如当针刺痛手指时，手指会缩回来；当有物体快速地接近某人时，某人会躲开；吃东西的时候口腔会分泌唾液；以及我们都熟知的膝跳反应。这些反应是人天生就有的，是当相关的刺激出现时，自然而然产生的本能反应，这种反应被称为非条件反射（Unconditioned Response，UR）。非条件反射主要包括不随意行为和情绪反应。而这些能够直接引发非条件反射的刺激则被称为非条件刺激（Unconditioned Stimulus，US）。相反地，那些无法直接引发非条件反射的刺激被称为中性刺激。

20世纪20年代，生理学家巴甫洛夫在测量"狗在喂食后多长时间会分泌唾液"时，发现狗分泌唾液的间隔时间是不断发生变化的。开始喂食的时候，狗会在预期的时间内分泌唾液；接着，只要它们一看见食物就可以分泌唾液，再后来，只要一听到科学家走进实验室的脚步声，它们就开始分泌唾液。于是，巴甫洛夫决定先放下之前的研究计划，转而研究影响狗唾液分泌时间的因素。在巴甫洛夫的一个实验中：他先敲击音叉，然后记录狗的反应。这种情况下，音叉响声是一个中性刺激，因此并没有观察到狗分泌唾液。紧接着，巴甫洛夫给狗喂食，狗分泌了唾液。食物引起的唾液分泌是自然发生的，二者之间的联系是自然建立的，不需要训练或先前的条件。这时，唾液分泌是无条件反射，食物是无条件刺激。之后，巴甫洛夫希望使用食物、唾液分泌和音叉三个要素得出狗听到音叉发出的声响后能引起条件作用，分泌唾液。为此，他不断地将声音与食物进行配对，在敲击音叉后很快给狗喂食，如此重复几次后，发现狗在听到声音但尚未得到食物之前就已经开始分泌唾液了。此时，经过条件作用，中性刺激（声音）能够单独引起非条件反射（唾液分泌），这种反射被称为经典条件反射（Conditioned Response，CR），声音被称为条件刺激（Conditioned Stimulus，CS），如图2-1。

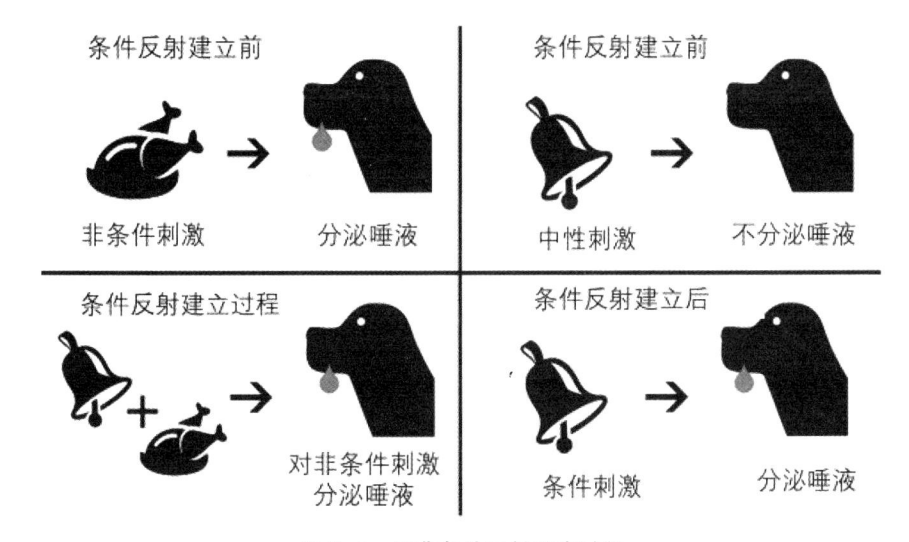

图2-1 经典条件反射形成过程

2. 分化、泛化和消退

在条件作用开始建立时，除条件刺激本身外，那些与该刺激相似的刺激也或多或少具有条件刺激的效应。例如，用500Hz的音调与进食相结合来建立唾液分泌条件作用。在实验的初期阶段，许多其他音调同样可以引起唾液分泌条件作用，只不过它们跟 500Hz 的音调差别越大，所引起的条件作用效应就越小，这种现象被称为条件作用的泛化（Generalization）。泛化是指条件作用形成后，机体对与条件刺激相似的刺激做出条件反应。以后，只对条件刺激（500Hz 的音调）进行强化，而对近似的刺激不给予强化，这样泛化反应就逐渐消失。动物只对经常受到强化的刺激（500Hz 的音调）产生唾液分泌条件作用，而对其他近似刺激产生抑制效应，这种现象被称为条件作用的分化（Discrimination）。分化是指只对条件刺激做出条件反应，而对其他相似的刺激不做出条件反应。

条件作用建立之后，如果多次只给条件刺激而不用无条件刺激加以强化，结果是条件反射强度将逐渐减弱，最后将完全不出现。例如，对以铃声为条件刺激而形成唾液分泌条件作用的狗只给铃声，不给食物强化，重复多次以后，则铃声引起的唾液分泌量将逐渐减少，甚至完全不能引起分泌，即出现条件作用的消退（Extinction）。消退是指条件作用形成后，由于没有无条件刺激的结合，机体对条件刺激的反应逐渐消失。

3. 第一信号系统和第二信号系统

研究发现，能够引起条件反应的刺激可分为两大类。第一类是能够引起条件反应的物理性的条件刺激，这类刺激叫作第一信号系统（First Signal System）的刺激，比如灯光、铃声等。第二类是能够引起条件反应的以语言符号为中介的条件刺激，这类刺激叫作第二信号系统（Second Signal System）的刺激，比如谈虎色变中的"虎"。由于谈到虎之后的情绪反应不是因为现实中的虎引发的，而是听到"虎"这一字之后联想出的相关观念或语义导致的情绪反应，所以属于第二信号系统的刺激。

经典条件作用理论的提出具有重要的意义，它可以解释我们日常生活中在某些情境下出现的无意识行为或情绪反应。比如有些人具有"白大褂综合征"，即在医生办公室接受检查时，只要看到医生常穿的白大褂，就会血压上升，那是因为他们把白大褂与打针吃药建立了联系，一看到白大褂就感到害怕。又如有些学生可能一遇到考试就会焦虑，这可能是与他们之前某次考试失败产生的不愉快体验建立了联结，从而使他们形成了对考试的焦虑和恐惧的条件反射，因而一听到考试便心跳加快、手心冒汗。以此类推，在实际的教育教学中，如果学习环境或某个科目的学习经历与不愉快的情绪反应建立了联结，学生就会产生消极情绪的条件反射，这也解释了为什么有的学生会产生厌学情绪。因此，经典条件作用对教师的教学工作有着重要启示：在教学过程中，可以将快乐事件作为学习任务的无条件刺激，给学生营造舒适、温馨的学习环境，给予学生积极的关注和鼓励，使学习与学生的积极情绪建立联结，使学生产生温馨的感觉，并将这种积极感觉泛化到学习活动中，从而提高学生的学习兴趣和动机。

（二）操作性条件反射

虽然经典条件作用可以解释动物和人类的很多行为和情绪反应，但是行为主义后期代表人物斯金纳却认为，经典条件作用的原则只能解释人类被动习得的行为。实际上，人们会积极主动地操纵环境，以获得奖赏或避免伤害。研究者们把这些有意识的行为称为操作性行为（Operants），把包含了操作性行为的学习过程称为操作性条件作用（Operant Conditioning）。我们正是在对环境实施操作的过程中习得了特定方式的行为。行为主义后期代表人物桑代克和斯金纳分别对学习形成的规律和行为强化规律进行了研究，其研究结果被广泛应用到教育教学中。

1. 桑代克对学习过程的研究

桑代克的理论与早期行为主义学家们的观点是一致的，认为学习的实质在于形成刺激—反应联结（无须观念作媒介）。但是，桑代克在此基础上，通过实验研究发现了行为之后的结果也能够影响后续的行为反应，并提出"三大学习律"。

桑代克的实验中最著名的是猫开迷笼的实验。他将一只饿猫关在他专门设计的实验迷笼里，笼门紧闭，笼子外面放着一条鲜鱼，笼内有一个开门的旋钮，碰到这个旋钮，门便会启开，猫可以出笼吃鱼。一开始饿猫无法走出笼子，只是在里面乱碰乱撞，偶然一次碰到旋钮打开门，便得以逃出吃到鱼。经多次尝试错误，猫学会了碰压旋钮打开笼门的行为。据此，桑代克认为，人和动物学习的过程是通过盲目的尝试与错误的渐进过程，并且遵循三条重要的学习律：第一，练习律（Law of Exercise）。重复一个学会了的反应将增强刺激—反应（S-R）之间的联结，有奖励的练习越多，联结就变得越强；反之，联结就变得越弱。第二，效果律（Law of Effect）。在一定情境下，刺激与反应形成可改变的联结。如果行为之后跟随一个满意的结果，那么在类似的情境中，这一行为重复的可能性增加。第三，准备律（Law of Readiness）。个体在学习开始时存在预备定势。个体有准备又有反应就会感到满意，有准备而不反应会感到烦恼，个体无准备而强制反应也会感到烦恼。如果饥饿的猫关进迷笼，就有学习的准备状态，猫会想要逃出去获得食物；而一只吃饱的猫被关进迷笼，则不会想逃出去。桑代克的学习理论指导了大量的教育实践：练习律指导人们通过大量的重复的练习和操练来训练学生；效果律指导人们使用一些具体奖励，如小红花、口头表扬等来奖励学生的预期望行为；准备率提醒我们在学生学习之前要增强学生的学习动机，从而促进学习效果。

2. 斯金纳的强化学习理论

强化学习理论由行为主义后期另一代表人物斯金纳提出，他通过研究发现人或动物为达到某种目的，会在所处环境下采取特定的行为，而行为之后的结果会对后续行为产生影响。结果类型不同，行为增强或减弱的频率也会不同。斯金纳设计了一个箱子，在箱子里面有一个杠杆，箱子之外有一个食物的传输装置，按下箱子里的杠杆，食物就会通过传输装置落入箱子中（如图 2－2）。然后，他将一只老鼠放入箱子中，没多久，老鼠就学会了拉下杠杆获得食物的行为，如图 2-2 所示。通过观察老鼠的行为可发现，行为的结果对行为产生了强化作用，老鼠为了获得食物，会一直去按箱子的杠杆。由实验可知，个体行为结果影响了后续行为反应，当行为带来的某种反应或结果对个体有利时，这种行为就会在以后重复出现；当行为的结果对个体不利时，这种行为就会减弱或消失。斯金纳称这些作用为操作性条件作用，并根据行为结果和后继行为的关系，把行为结果分为强化和惩罚两种类型。

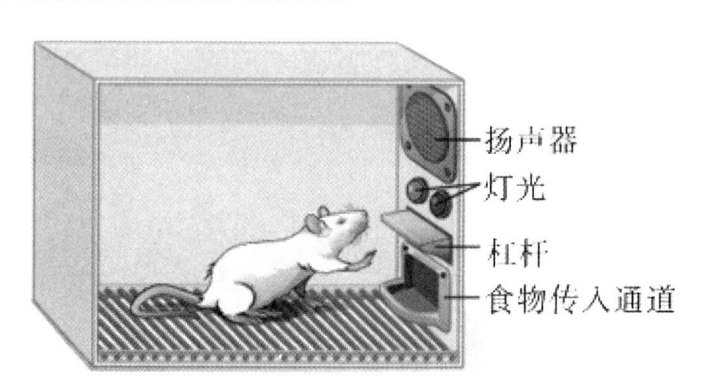

图 2-2 斯金纳箱

在强化学习理论中，能够增强后继行为的结果叫作强化物，引起这一行为反应的过程称为强化作用，降低后继行为的结果则叫作惩罚。强化可分为正强化和负强化。正强化是个体采取特定行为之后，出现令其满意的结果，后续该行为出现频率增加的过程。如学生认真完成作业得到教师的奖励之后，学生以后的作业都能认真完成。负强化是个体采取特定行为之后，令其厌恶的结果或情境被撤除，后续该行为出现的频率增加的过程。如乘车时如果不系安全带，车里就会发出刺耳的蜂鸣声，乘客为了不听到蜂鸣声就会系上安全带。正强化和负强化的区别在于，正强化是呈现积极刺激以增加行为发生的频率，而负强化是撤除消极刺激以增加行为发生的频率。与强化一样，惩罚也有两种形式。第一种惩罚被称为Ⅰ型惩罚，也被称为呈现性惩罚，即行为后出现令个体厌恶的刺激，从而抑制或减少了行为。如学生上课不专心听讲，被教师批评之后，学生上课不专心听讲的次数就降低了。第二种惩罚称为Ⅱ型惩罚，也被称为撤除性惩罚，即在行为出现后撤除令个体满意的刺激，个体为了这些令其愉悦的刺激不被取消，便会降低之前行为出现的频率。如教师或家长在学生行为不良时，撤销其娱乐活动，运用的就是撤除性惩罚。这两种类型的惩罚是为了减少惩罚的行为。

值得注意的是，正强化并不与积极行为相对应。比如学生上课说话或捣乱会因为受到教师关注而形成正强化，这就是为什么有时候会出现教师越关注，学生在课堂上的不良行为却越多的现象。因此，任何行为结果都是可能起到强化作用的，这取决于个体对事件的认知以及此事件对他的意义。另外，负强化中的"负"并不是意味着得到强化的行为是消极的或不好的，负强化的"负"可以理解为撤除、减少的意思。

此外，负强化常常易与惩罚相混淆。负强化与惩罚的区别在于：①实施目的不同。惩罚是为了抑制不良行为的出现，不一定要形成良好的行为；负强化的目的是为了建立良好的行为。②实施方式不同。负强化的厌恶刺激在个体行为改变之前是一直存在的，它给了学生一个练习自我控制的机会，学生对于不愉快情境最终是否会出现保有控制权。只要他们表现出适宜的行为，不愉快的情境就会结束。反之，惩罚往往发生在行为反应之后，学生不能很容易地控制或制止不愉快的反馈。③实施后果不同。惩罚的后果是不愉快、痛苦和恐惧的，而负强化的效果是愉快的。总之，强化（无论正、负）过程总是与行为的增加有关，而惩罚则涉及减少或抑制行为。研究发现，惩罚并不能促进良好行为的形成，因此在教育实践过程中，应尽量采取负强化代替惩罚。

不同的行为结果会对行为反应产生不同的强化作用，此外，强化程序，即行为受到强化的时机和频次，也会对行为反应产生影响。强化程序可以分为两种，一种是连续强化程序，即在每一次行为出现之后都给予强化，如打开电脑，每次打开开关，电脑就会开机。另一种是间隔强化程序，即有选择地对行为反应进行强化。间隔强化程序根据时间和比例、固定和变化两个维度又可以组合出四种强化程序：固定时距强化、固定比例强化、变化时距强化和变化比例强化。固定时距强化是指在一段固定的时间后给予强化,如学校的周考、月考。固定比例强化是指在一定的反应数量后给予强化,如计件工作。变化时距强化是指在变化的、不确定的时间间隔后给予强化,如突然测验。变化比例强化是指在变化的、不确定的反应数量后给予强化,如赌博机。不同的强化程序对行为的影响是不同的,可以根据不同的目的采用不同的强化程序。连续强化在学习新联结时最有效,间隔强化比连续强化具有更高的反应率和更低的消退率。行为表现速度依赖于强化的可控性,根据反应数量的强化比根据时间的强化更能激发行为的发生,个体可以通过控制数量控制强化的出现,做得越多,强化也会越多。而行为的持续性则依赖于强化的不可预测性。连续强化和两种类型的固定强化都是可以预测的。固定时距强化可以知道过了多长时间能得到强化,因此反应会随着时间的邻近而比例增高,强化过后比例降低。固定比例强化可以知道做多少次反应可以得到强化,因此反应速度快,但是强化过后行为便暂停。因此,如果为了行为能够持续,变化强化更为合适。由于变化强化的不可预测性,在强化过后,行为还能够继续,尤其是变化比例强化,即使最后降低强化的比例,人们也能在长时间无强化的情况下坚持该行为。赌博成瘾者就是受到变化比例的强化而无法摆脱赌博行为的。而当强化完全停止时,行为则会消退。

(三)观察学习

20世纪50年代,美国心理学家班杜拉指出了传统行为主义学习观的局限性。班杜拉在1965年做了这样一个研究:他给幼儿园的孩子观看了一部"榜样人物"拳打脚踢充气玩具"波波"的影片。在观看前把这些孩子分成三组,第一组孩子看到榜样人物得到奖励;第二组孩子看到榜样人物受到惩罚;第三组则没有看到奖励或惩罚的结果。之后,让这些孩子独自待在一个有充气玩具"波波"的房间里,观察这些孩子的行为反应。研究发现,看到电影中榜样人物因攻击行为获得奖励的孩子受到了强化,对玩具的攻击性最强;看到榜样受惩罚的孩子对玩具的攻击性最弱。研究并没有到此结束,当研究人员告诉孩子谁模仿攻击行为就能获得奖励的时候,发现所有孩子都将他们刚才观察到的行为表现了出来。这个研究结果说明,人们可以通过观察他人的经验习得行为;学习和表现是不同的,即使学习已经发生,但情境不合适或没有诱因(如实验中的奖励),也不会表现出来。因此,班杜拉对知识获得(学习)和以知识为基础的可观察的表现(行为)的两个过程进行了区分,并提出了直接学习和观察学习的概念。

直接学习是指个体通过亲身实践并体验行动的结果进行学习。经典条件反射和操作性条件反射就是个体根据自身直接经验产生的,可以认为属于直接学习的范畴。与之相对应的观察学习,又被称为间接学习或替代学习,是指个体可以通过观察其他个体来进行学习。观察学习是班杜拉与传统行为主义学习理论不同的地方。

班杜拉认为从观察榜样到自身习得行为,需要注意、保持、再现、动机和强化四个要素的参与。①注意。为了通过观察进行学习,人们必须集中注意力。在教学中,教师需要通过清晰的呈现以及对重点部分的强调,以保证学生的注意力集中在课程的核心部分。在展示一项技能时(如操作车床),学生需要与教师站在同一方向,认真观察教师的操作动作,这样可以引导学生将注意力集中在正确的情境特征上。②保持。为了模仿榜样的行为,学生需要记住它,可以通过言语或表象进行心理演练(想象模仿的行为),或是实际练习而得到提升。在观察学习中的保持阶段,练习能够帮助学生记住目标行为的要素以及步骤的顺序。③再现。即使学生已经知道了一种行为是什么样的,并记住了它的构成要素或步骤,可能依然不能熟练地表现出来。有时,在学生能够再现榜样的行为之前,需要大量的练习、反馈和教师细微的指导。在再现阶段,反复的练习能够使行为变得更加流畅和熟练。④动机和强化。在前面的研究中,我们已经发现学习和行为表现是不同的,学生可以通过观察掌握一个新的技能或行为,但是如果没有动机或刺激物的激发,学生可能不会表现出来。强化在观察学习和维持过程中都发挥着重要作用。如果学生期待通过模仿榜样的行为而受到强化,那么学生可能会更有动力去注意、保持和再现行为。而一个尝试新行为的人如果没有强化,是不可能坚持下去的。

班杜拉认为有三种可以促进观察学习的强化形式。首先是观察者模仿榜样的行为后得到了直接的强化。例如,当一个体操运动员成功地完成一个前翻动作时,教练或是榜样会高呼"太棒了"。其次是替代强化(Vicarious Reinforcement),观察者可能仅仅看到他人因某个特定行为受到强化,进而激发自己再现这种行为。商业广告中经常运用到替代强化,当人们开着某种车或是喝着某种饮料时,会表现得异常兴奋,观众的行为就会因演员们明显的愉悦感而被替代性地强化。惩罚也可以是替代性的,当驾驶员在高速公路上行驶时,看到前面有人领到了罚单,驾驶员有可能会降低速度。最后是自我强化(Self—reinforcement),也就是自己控制强化物,如学生通过自我激励提高学习动力,教师通过对职业价值的认同降低职业倦怠。

在观察学习的情境下，个体在行为反应受到强化前，就已经通过注意、记忆、思维等内在认知操作在头脑中进行多次演练，之后在类似的情境下做出反应。这一观点强调了认知因素在学习中的作用，是对只关注行为的行为主义提出了挑战。随着时间的推移，班杜拉又提出出社会认知理论，成为当今教育心理学领域中最具有影响力的理论之一。

三、学习行为观在教育教学中的运用

（一）根据学生发展水平选择强化物

强化可分为一级强化和二级强化。一级强化是指满足人和动物的基本生理需要的强化，如食物、水、安全、温暖等。二级强化是指任何一个中性刺激与一级强化反复联合，获得了自身强化效力的强化。二级强化又可分为社会强化（如社会接纳、积极关注、微笑等）、代用券（如钱、级别、奖品等）和活动（如自由地玩、听音乐、旅游等）。

在实际教育中，教师需要根据学生的发展水平确定强化物，这样强化才能奏效。对于幼儿和小学生而言，简单的贴纸、小红花、笑脸、做谜题、帮助教师可能就是有效的强化物，但是对初中生和高中生来说，和朋友聊天、玩电子游戏、看杂志或听音乐则可能是更合适的强化物。针对高校学生的强化物品，教师可以事先让学生填写一个问卷调查表以了解学生的需求，如"在课堂上你最喜爱做的三件事是什么""如果你去商店，你将买哪三件喜爱的物品（或玩具）"等，这些问题需要针对不同年级加以修改。另外，社会强化如教师的表扬和关注是一个强有力的强化物，但是要注意表扬时不能说一些很笼统的话，而是要认真、系统地进行表扬，应该是针对良好行为的真诚认可，清楚具体地说明受到表扬的行为是什么。

（二）根据学生发展水平应用强化程序

不同的强化程序对行为的影响是不同的，因此，教师需要了解如何调整提供反馈的时间和频率，以获得预期的效果。首先，强化要及时，应该在被强化的行为发生后立即给予反馈。其次，强化和惩罚在设置提供结果的频率上是不同的。虽然间隔强化和连续强化一样对学生起作用。但是间隔强化程序更加有效，因为它不要求教师抓住每一个积极行为。而且如果要实施有效的惩罚，就可能要抓住每个不规范的行为，让问题行为学生认识到惩罚是不可以避免的。最后，在强化时，可以使用普雷马克原理，即用高频的活动作为低频活动的强化物，或者说用学生喜爱的活动去强化学生参与不喜爱的活动。例如,"你吃完这些青菜,才可以吃鸡腿"。这一原则有时也叫作"祖母的法则":首先做我要你做的事情,然后才可以做你想做的事情。如果一个学生喜爱做航空模型而不喜欢阅读,那么教师可以让学生在完成一定的阅读之后再去做模型。注意,低频行为(学生不太喜欢的行为)必须首先发生,才能使普雷马克原理奏效。

(三)利用塑造强化学生的行为

在教学实践中,我们经常可以发现,有些学生会因为做数学题时经常出错而不喜欢学学习数学;有些学生会因为英语课上难以听懂对话而逐渐对学习英语失去兴趣;有些学生会因为跳远不理想而讨厌上体育课等。在这些情境中,学生因为他们努力的最终结果都不够好,所以对该学科产生厌恶、逃避的心理,拒绝学习该学科,甚至讨厌任课教师和学校。

一般为了解决这一类问题或防止该类问题发生,教师在教学时可以采用塑造的策略,也被称连续接近技术。塑造的要点是注重对过程的强化,而不是等待尽善尽美时才进行强化。为了使用塑造策略,教师必须首先熟悉学生将要学习的复杂行为,然后将这个行为分解成许多小步骤。确定小步骤的方法叫作任务分析,该方法最早由米勒在1962年提出,用于帮助军队训练士兵。任务分析首先需要确定最后的表现要求,即学生在项目或单元结束时必须做到的事情,如教师要求学生基于图书馆的文献研究,写一篇表明自己观点的论文。然后确定通向最后目标的子步骤,即把技能分解为各种子技能或子目标,如把写一篇论文的过程分解成使用数据库进行文献搜索、进行文献阅读、梳理现有观点、对这些观点进行评价、形成自己的观点、撰写论文等子过程。最后逐一完成子步骤,达成写作目标。在进行任务分析时,子步骤要具有一定的逻辑顺序,这样才能帮助学生明确他们现在处于哪一阶段、已经拥有哪些技能、如何进行下一步骤,当学生遇到困难时,教师能够指出问题所在。

(四)抑制不良行为

第一,使用负强化。当学生的不良行为发生改变时,停止不愉快的刺激。教师实施负强化时需要注意方式方法。教师要以积极的方式描述期望出现的良好行为改变;不要有欺骗;确信有能力改变不愉快的情境;要坚持强化学生的行为而不是承诺,如果学生答应了"下次会表现得更好"就终止不愉快情境,那么强化的是学生做出承诺,而不是行为改变。

第二，使用满足策略。满足是通过要求学生反复实行不良行为来降低满足感。例如，要求乱扔纸团的学生整节课都进行做纸团和丢纸团的行为。虽然开始时，其他学生的关注和嘲笑可能强化这种行为。但是，最后做纸团和丢纸团将变得无趣，没有意义，学生就会停止这种行为。当学生表示对这种行为厌烦时不要停止，再保持一段时间。当然，要确保这种行为不危害他人时才可以使用。

第三，消退。根据条件反射，当不再给予强化时，行为就会消退。消退在处理一些不良行为时十分有效。例如，教师对上课说话的学生采取不关注的态度，不给予正强化，学生上课说话的行为就会减少或者消退。刚开始使用消退时，由于教师减少强化，学生可能为了希望教师屈服，获得先前的强化，不良行为反而会增加。但是数次之后，学生会意识到不良行为无法得到教师的关注，不良行为就会减少。同样，只有当不恰当行为可以轻易被忽略且不具有危害性时才可以使用消退策略。

第四，采用过度矫正。比如，教师不仅要求在教室课桌上涂画的学生清除自己的涂画，还必须清除所有桌子上的涂画，这便是在过度矫正他们的行为。

第五，谴责训斥。谴责训斥是对行为进行言语批评，是一种正惩罚。进行口头批评时，教师应与学生目光接触，靠近学生，以一种平静而隐秘的方法指出他的不良行为，同时，避免在公众场合批评学生，以免造成反效果。

第六，采用反应成本策略。反应成本策略属于撤除性惩罚，通常是撤走学生想要的东西。对青少年而言，这种成本是指无法与朋友一起活动，如不允许和朋友一起在食堂吃午饭或者是不能参加班级的实地考察旅行等社交孤立惩罚。研究发现，反应成本的介入能有效地减少问题行为并且效果持久。一项关于多动症（ADHD）儿童的研究发现，用失去自由时间作为反应成本将比开处方（如利他林）更能有效地增加儿童的主动行为和学业学习。使用反应成本的关键在于从发展水平和个体水平决定哪些东西是个体渴望得到的，并在发生不良行为之后撤走它。

在抑制不良行为过程中，我们要注意惩罚及其本身不能导致任何积极的行为。惩罚倾向于让学生关注行动对其自身造成的结果，且不会让学生思考行为对他人的影响。惩罚并没有教导学生对他人产生同情与共情。因此，要尽量使用负强化替代惩罚；在实施惩罚时要注意只是针对学生的行为进行惩罚，而不是攻击其人格；不要在情绪激动时惩罚学生；当惩罚不奏效时，应立即停止惩罚。

（五）利用观察学习效应引导学生行为

教师在教学中可以发挥自身的榜样作用。教师可以将所期望的行为、技能、态度和情感以明确外显的方式示范出来，或者树立理想的榜样，让学生观察得到，并对学生的模仿予以强化。在解决问题的过程中，教师可以说出思维过程、好奇心、情绪控制、对他人的尊重和兴趣、良好的倾听和交流习惯等，这些行为可引导学生形成相同的品质。

在示范过程中，教师要注意身体力行。如果一位教师总是要求学生不断学习，而自己从来不学习本学科的新知识，学生们可能会认为这门学科知识已经失去了活力从而没有学习的激情。如果一位教师对学习本身的巨大热情为学生树立了良好的榜样，那么学生将加以模仿，并从中体验到学习的乐趣，获得内在的学习动力。

对于学生的一些不良行为，教师可以利用抑制效应。抑制效应是指个体由于看见榜样得到惩罚的结果而引起的反应倾向减弱。例如，有考试作弊行为的学生看到其他学生因作弊受到重罚，可能就不敢考试作弊。

对于学生的一些受到抑制的良好行为，教师可以利用去抑制效应。去抑制效应是指个体看到榜样因做出自己原来抑制的行为而受到奖励时，加强这种反应的倾向。例如，有的学生曾经在课堂上积极主动地向教师提问，但受到了教师的嘲讽，之后就不敢在课堂上发言；如果在新的课堂上，当他看到其他同学纷纷主动地向教师提问并受到教师的表扬、同学们的尊敬时，以后就敢在课堂上积极主动地提问了。

在树立榜样的过程中，教师还可以利用社会促进效应，引发学生产生相同行为。社会促进效应是指学生通过观看榜样行为引发其行为库中已有的反应。例如，教师对学生表示出尊敬、使用礼貌敬语，学生可能受到激励而表现出这些行为。如使用"你好""谢谢"和"对不起"等敬语，并非学生从教师那里学到的新行为，而是学生早已学会了的，只是教师带头引发了学生的相同行为。

第二节　认知主义的学习理论

一、学习的实质

通过上一节的内容，我们知道行为主义者认为，学习是形成刺激—反应的联结，我们只需要关注个体行为的改变，不需要关注行为改变背后认知活动（包括注意、记忆、思维、判断等）的变化。但是，行为主义这一观点受到了主张关注人的认知能力的认知学派的批评。认知学派认为，学习是人们通过使用认知策略对外界信息进行加工而获得关于世界的知识，这一过程是一系列内在、不能被直接观察到的智力活动。认知学派认为教学是引导学生获得更精确与完整的知识体系。教师的作用是教授和示范有效的策略，纠正学生的错误概念，而学生在学习中扮演着积极的信息加工者、策略使用者、信息组织者和记忆者。因此，认知心理学家更关注认知活动，如思维、记忆和问题解决对学生学习的影响。

二、认知学习理论

（一）早期认知理论

1. 苛勒的顿悟学习理论

认知学派的理论思想可追溯至19世纪末20世纪初在德国出现的格式塔学派。"格式塔"是来自德语"完形"（Gestalt）的音译，格式塔理论认为个体在认知活动中，对事物、情境的各个部分及其相互关系形成整体理解，而不是对各种经验要素进行简单的集合。他们通过动物实验来说明学生对学习中产生变化的实质及其原因的理解。其中的代表人物苛勒于1913—1917年用黑猩猩做了一系列实验，证明了黑猩猩的学习是一种顿悟，而不是桑代克认为的尝试错误。其中一个著名的实验是将黑猩猩关在一间屋子里，屋子里放着几个箱子，屋顶用一段绳子挂着一根香蕉，黑猩猩在没有借助工具的情况下是无法够到香蕉的。实验观察到，刚开始时黑猩猩尝试伸手够悬挂的香蕉，在多次失败之后，黑猩猩变得烦躁，在屋里频繁走动和锤墙，但是仍无济于事。之后，黑猩猩坐在箱子上观察屋子的环境，经过一段时间的观察，黑猩猩突然学会用屋子里的箱子作为工具，站在箱子上去取香蕉。苛勒对此解释道，当动物遇到问题时，可能会审视相关的条件，也许还会考虑某种行动成功的可能性，当其突然把一件工具看作达到目标的手段，如箱子，即看出站在箱子上可以够着香蕉时，它便产生了顿悟，解决了这个问题。这个学习的过程是缓慢的，但是一旦发现了这一方法，再遇到类似情境就能够运用相同的策略。在苛勒看来，学习就是知觉的重新组织，把感知到的信息组织成有机的整体，这一过程不是渐进的尝试与错误的过程，而是顿悟，也就是通过对问题情境的观察，理解它的各个部分的构成及相互联系，分析出制约问题解决的各种条件，从而发现通向目标的途径。之所以产生顿悟，苛勒和桑代克之间的明显对立在于顿悟和试误。格式塔学习理论强调学生知识经验的整体性和知觉经验的组织作用，关注知觉和认知（解决问题）的过程。他们探讨记忆是如何反映知觉组织的，以及解决问题的能力是如何在理解学习任务、重建记忆或把学习原理迁移到新情境等过程中产生的。这对美国流行的 S-R 联结主义来说是一个挑战，具有积极的意义，启发了后来的认知派学习理论家们。

2. 托尔曼的符号学习理论

对行为主义理论提出挑战的还有来自新行为主义学派的学者，托尔曼就是其中著名的代表人物。他受格式塔学派影响，经常用动物的动机、认识、预期、意向和目的来描述动物的行为。他关心行为理论如何同知识、思维、计划、推理、目的等概念相联系，其理论被称为目的行为主义、整体性行为主义、符号—完形说或预期说。他以白鼠学习方位迷宫的实验证明了自己的理论。

托尔曼设置的迷宫有一个出发点和三条长度不等的从出发点到达食物箱的通道。实验开始时，他将白鼠置于出发点，然后让它们自由地在迷宫内探索，一段时间后检验它们的学习结果。检验时，他再将白鼠置于出发点，并对各通道做一些处理，观察它们的行为。结果发现，若三条通道畅通，白鼠会选择最短的通道 A 到达食物箱；若 X 处堵塞，白鼠会选择通道 B；若 Y 处堵塞，白鼠会选择最长的通道 C。

根据这一实验以及许多类似的实验，托尔曼提出了符号学习论（Symbol Learning Theory），这种理论有三个基本观点：①学习是有目的的行为，而不是盲目的。②学习是对符号—完形的认知。白鼠在学习方位迷宫图时，并非学习一连串的刺激与反应，而是在头脑中形成一幅"认知地图"，即"目标—对象—手段"三者联系在一起的认知结构。③在外部刺激（S）和行为反应（R）之间存在中介变量（O）。他主张将行为主义 S-R 公式改为 S-O-R 公式，O 代表机体的内部变化。

此外，托尔曼还做了一个潜伏学习的实验。他将白鼠分为三组走方位迷宫：第一组无食物奖励；第二组有食物奖励；第三组前十天无食物奖励，而在第十一天之后有食物奖励。结果发现，第三组在前十天的表现与无食物奖励组相当，但在第十一天获得食物奖励后其行为表现发生剧变，后来甚至优于有食物奖励组。这一结果表明，外在的强化并不是学习产生的必要因素，动物未获得强化前学习已出现，只不过未表现出来，托尔曼把这种在无强化条件下进行的学习称为潜伏学习（Latency Learning）。潜伏学习实验也证明了学习并不是刺激与反应的直接联结。在未受奖励的学习期间，认知结构也发生了变化。托尔曼通过两个实验证明了白鼠在走迷宫时，在头脑里形成一种预期或者假设。动物的行为受其预期的指导，在多次尝试中，有的预期被证实，有的未被证实。预期的证实形成一种内在强化，即由学习活动本身所带来的强化。托尔曼提出的认知学习理论和内部强化理论对现代认知学习理论的发展具有一定的贡献。

（二）布鲁纳的认知结构理论

布鲁纳是美国著名的教育心理学家，在西方学界和教育界享有很高的声誉。19 世纪末 20 世纪初，受行为主义思潮的影响，美国教育把关注点放在学生行为的变化上，而忽视了内在知识结构的变化。1957 年，苏联成功发射了第一颗人造地球卫星，对美国社会造成巨大冲击，引起了美国社会的反思。1958 年，美国颁布《国防教育法》，美国联邦政府开展了一场指向教育内容现代化的课程改革运动——"学科结构运动"。1959 年，美国科学院召集科学家、学者和教育家在马萨诸塞的伍兹霍尔召开会议，由时任美国科学院科学教育委员会主席的布鲁纳主持，布鲁纳在会议期间提出了认知结构理论，得到了普遍的响应和认同，并对之后的美国现代教育的发展产生了深远的影响。

1. 认知结构理论

人类要适应复杂的外部环境，就需要对环境中事物的利害属性进行判断，进而做出反应。认知心理学家认为，人们是通过对各种事物进行归类，然后依据事物归属的类别来推断其属性的。布鲁纳认为，这些相关的类别构成了编码系统（Coding System），形成了"一组相互关联的、非具体性的类别"。

布鲁纳进一步研究认为，编码系统对相关的类别做出有层次结构的安排，较高级的类别比较一般，较低级的类别比较具体。这种内在编码系统就是认知结构（Cognitive Structure）。它是人用以感知外界的分类模型，是新信息借以加工的依据，也是人的推理活动的参照框架。例如，一名儿童已经形成了有关食物的编码系统：食物包括肉类、蔬菜类、主食类、水果类和饮料类，各类别下又存在许多不同的子类。如果有一天儿童知道火龙果是一种水果，儿童就可以根据水果类食物的属性推导出火龙果具有水果的一切属性。

编码系统是人们对环境信息进行分组和组合的方式，是在不断变化和重组的。在布鲁纳看来，学习就是认知结构的形成或改变。在上面的例子中，儿童不仅通过水果推断火龙果所具有的属性，在他头脑中有关食物的编码系统也发生了改变。在新的编码系统中，水果类食物中多了一个新成员。可见，学习不是简单地接受眼前的信息，而是要将新信息与头脑中同类的事物联系起来，形成新的编码系统或改变原来的编码系统，推导出更多有意义的联系，这对教学具有深刻的启示意义。学生获得信息本身并不是学习的目的，学习应该超越所给的信息，形成一套知识网络。

2. 发现学习

布鲁纳认为，让学生学习一般的原理固然重要，但更为重要的是发展学生解决新问题、探索新情境、发现新事物的态度和能力。布鲁纳极力倡导发现学习（Discovery Learning），所谓发现学习，是指学生用自己的头脑亲自获得知识的一切形式，包括人类现有和尚未知晓的知识。教师的任务是把结论性知识转换成形成性知识的过程，通过设计学习活动，让学生亲自经历对知识的发现过程。在发现学习过程中，知识按照表征系统的发展顺序，从动作表征到映像表征，最后形成符号表征。例如，布鲁纳根据儿童踩跷跷板的经验设计了一个天平，让儿童调节砝码的数量和砝码离支点的距离，以此让儿童发现、学习乘法的交换律，如"$3 \times 6 = 6 \times 3$"。他先让儿童动手操作天平，然后展开想象，最后用数字符号来表示这一数学规律。

一般来说，发现学习的教学包括四个阶段：①提出问题。教师创设问题情境，使学生在这种情境中发现其中的矛盾，提出问题。②做出假设。教师促使学生利用提供的某些材料，针对所提出的问题，阐述解答的假设。③验证假设。学生用理论或者通过实验数据检验自己的假设。④形成结论。学生根据实验获得的一些材料或结果，在仔细评价的基础上引出结论。

3. 评价

布鲁纳是推动美国以认知结构理论为指导,进行改革教学运动的极为重要的人物,在心理学为教育教学服务方面做出了显著的贡献。他把教育的关注点放在学生获得知识的内部认知过程和教师如何组织课堂以促进学生"发现"知识上。布鲁纳的认知结构理论强调学生学习的主动性,强调学习的认知过程,重视认知结构的形成,注重学生的知识结构、内在动机、独立性与积极性在学习中的作用。

然而,布鲁纳的认知结构理论也存在一些偏颇的地方。第一,他的理论完全放弃了知识的系统讲授,而以发现法教学来代替,夸大了学生的学习能力,忽视了知识学习活动的特殊性、知识的学习(知识的再生产过程)与知识的生产过程的差异。第二,布鲁纳认为任何科目都可以按某种适当的方式教给任何年龄的任何学生,然而实践证明这是无法实现的。第三,发现学习在当时虽然有积极作用,然而人们指出,发现法运用范围有限,从学习主体来看,真正能够用发现法学习的只是极少数学生;从学科领域来看,发现法只适合自然科学邻域某些知识的教学,对于文学、艺术等以情感为基础的学科不是完全适用的;从执教人员来看,发现法教学没有现成的方案,过于灵活,对教师知识素养和教学机智、技巧、耐心等要求很高,一般教师很难掌握,反而容易弄巧成拙;从效率上来看,发现法耗时过多,不经济,不适用于在短时间内向学生传授一定数量的知识和技能的集体教学活动。

(三)奥苏贝尔的认知同化学习理论

1. 有意义学习

奥苏贝尔注意到发现学习在实践中的局限性,提出了有意义学习的概念,并对机械学习与有意义学习之间的关系进行了详细区分。奥苏贝尔认为,有意义学习(Meaningful Learning)过程的实质是符号所代表的新知识与学生认知结构中已有的适当观念建立非任意的和实质性的联系。实质性联系和非任意性联系是有意义学习区别于机械学习的两条标准。所谓实质性联系,是指新的符号或观念与学生认知结构中已有的表象、符号、概念或命题的联系。非任意性联系是指新知识与认知结构中有关观念存在某种合理的或逻辑上的联系。例如,学生原有认知结构中已有命题"三角形内角之和等于180°",现在学习新命题"四边形的内角之和等于360°",能够通过推导出任何四边形都可以分成两个三角形,来记住"四边形的内角和为360°"这一定理,这种联系就是合理的而非任意的联系。与之相反，机械学习只是记住字面意义，不仅记忆效果不好，而且知识很难进行迁移，只要问题情境稍微产生变化，学生就无法找到答案，很难做到举一反三。奥苏贝尔有意义学习的提出，为教学提供了新的启示。我们不一定仅是通过发现学习获得认知结构的变化，也可以通过新旧知识的联系更新认知结构。

2. 认知同化过程

奥苏贝尔认为，新信息与认知结构中已有的有关观念相互作用是一种认知同化的过程。根据新旧观念的概括水平及其联系方式的不同，奥苏贝尔提出了三种认知同化的过程。

第一，下位学习（Subordinate Learning）。下位学习又被称为类属学习，是指将概括程度或包容范围较低的新概念或命题，归属到认知结构中原有的概括程度或包容面较广的适当概念或命题之下，从而获得新概念或新命题的意义。比如，学生学习了"杠杆"的概念，知道了杠杆的力臂原理，而后在学习定滑轮的知识时，把"定滑轮"同化到"杠杆"的概念下，理解了定滑轮实质上属于等臂杠杆，就能很容易地理解定滑轮为什么不省力。随着对定滑轮概念的同化理解，学生对杠杆的理解也会有一定变化：杠杆并不一定是一根细长的杆，也可以是一个圆轮子。下位学习可以分为两种类型：一种是派生类属，即新的学习内容仅仅是学生已有的、包容面较广的命题的一个例证，或是能从已有命题中直接派生出来的。例如，如果学生已知道"猫会爬树"这一命题，那么他就能理解"邻居家的猫正在爬门前那棵树"这一新命题。另一种是相关类属，即当新内容扩展、修饰或限定学生已有的概念、命题并使其精确化时，表现出来的就是相关类属。例如，学生已知"平行四边形"这一概念的意义，那么我们可以通过"菱形是四条边一样长的平行四边形"这一命题来界定菱形。在这种情况下，我们通过对"平行四边形"加以限定，产生了"菱形"这一概念。

第二，上位学习（Super-ordinate Learning）。上位学习是指新概念、新命题具有较广的包容面或较高的概括水平，这时，新知识通过把系列已有的观念包含于其下而获得意义，新学习的内容便与学生认知结构中已有观念产生了一种上位关系。例如，学生往往是在熟悉了"胡萝卜""豌豆"和"菠菜"这类下位概念之后，再学习"蔬菜"这一上位概念的。

第三，组合学习（Coordinate Learning）。当新概念或新命题与认知结构中已有的观念既不产生下位关系又不产生上位关系时，它们之间可能存在组合关系。这种只能凭借组合关系来理解意义的学习就是组合学习。学生在各门自然学科、数学、社会学科和人文学科中学习的许多新概念，如质量与能量、热与体积、遗传与变异、需求与价格之间的关系，都属于组合学习。这类关系的学习虽然既不类属于学生已掌握的有关观念，也不能总括原有的观念，但它们之间仍然具有某些共同的关键特征。在这种学习中，学生头脑中没有可以直接加以利用的观念，只能在更一般的知识背景中为新知识寻找适当的固定点。这种学习通常会更为困难。

3. 接受学习

根据认知同化理论，奥苏贝尔倡导接受学习的方法。接受学习是一种由教师引导学生接受事物意义的学习，有时也被称为讲授教学，是指以有组织、有意义的方式将知识讲授给学生的教学。这种教学主要适用于有意义的言语信息的学习。

奥苏贝尔认为接受学习需要遵循逐渐分化原则和整合协调原则，并利用先行组织者技术进行教学。逐渐分化原则是指先传授最一般的、包摄性最广的观念，然后根据具体细节对它们逐渐加以分化。整合协调原则是指要求学生对认知结构中的现有要素重新加以组合。奥苏贝尔认为，所有导致整合协调的学习同样也会导致学生现有知识的进一步分化。此外，奥苏贝尔还提出了另外两条原则：①序列组织原则，即强调前面出现的知识应为后面出现的知识提供基础。②巩固原则，即强调在学习新内容之前必须掌握刚学过的内容，确保学生为新的学习做好准备，为新学习的成功奠定基础。

奥苏贝尔就如何贯彻逐渐分化和整合协调的原则提出了一项具体应用的技术：设计先行组织者（advance organizers）。先行组织者是指先于学习任务本身呈现的一种引导性材料，它要比学习任务本身具有更高的抽象、概括和综合水平，并且能清晰地与认知结构中原有的观念和新的学习任务关联。先行组织者可以是一个概念定义、一个新材料与已知例子共属的类别、一个概括、一个类比或者一则故事。设计组织者的目的是为新的学习任务提供观念上的固定点，增加新旧知识之间的可辨别性，以促进类属性的学习。教师通过呈现组织者，为学生已知的知识与需要知道的知识之间架设一道知识之桥，使学生更有效地学习新材料。具体而言，先行组织者应起到三个作用：①把学生的注意引向即将学习的材料中最重要的内容。②集中概括即将呈现的概念之间的关系。③提示学生已有知识和即将遇到的新材料之间的关系。

（四）加涅的信息加工理论

认知主义学习理论受信息加工理论的影响，把学习过程类比计算机的工作机制，把学习看作是对信息的编码、保存和提取的过程。信息加工的代表人物加涅认为，学习过程是学生内部的功能结构所完成的各种信息加工的过程。这些过程把环境刺激转换成多种形式的信息，逐渐形成长时记忆的某种状态，这种状态构成了能力倾向的基础。不同能力倾向的变化需要不同的内部条件和外部条件。教学就是要合理安排可靠的外部条件来支持、激活、促进学习的内部条件和过程。

在信息加工模式中，环境中的刺激作用于学生的感觉登记器，通过感觉登记器进入神经系统。最初的刺激以映像的形式保持在感觉登记器中，保留0.25~2秒。当信息通过注意进入短时记忆后，被以语义的形式进行更精确的编码。短时记忆一般只保持2.5~20秒，但是经过复述、精细加工和组织等编码，信息从短时记忆转移到长时记忆中进行储存。长时记忆可以保持很久，甚至一生。保存在长时记忆中的信息构成了学生的知识系统，当新的学习部分地依赖于对学生原先学过的知识的回忆时，这些原先学习过的知识就从长时记忆中检索出来并重新进入短时记忆，这时短时记忆也被称为工作记忆。从短时记忆或长时记忆中检索出来的信息要通过反应发生器，从反应发生器中传来的神经传导信息使效应器（肌肉）活动起来，产生一个影响学生环境的操作行为。这种操作使外部的观察者教师了解原先的刺激发生了作用——信息得到了加工，也就是说学生确实学了知识。

加涅认为，在这个信息加工过程中，一组很重要的结构就是执行控制和预期两个部分。执行控制，即已有的经验对现在学习过程的影响；预期，即动机系统对学习过程的影响。整个学习过程都是在这两个结构的作用下进行的。学习过程是一个从不知到知的活动过程，可以分成八个阶段：①动机阶段，学生被告知学习目标，形成对学习结果的期望，激发学习兴趣。②领会阶段，依据学生的学习动机和预期对外在信息进行选择，只注意那些与学习目标有关的刺激。③习得阶段，学生对信息进行编码和储存。④保持阶段，学生将已编码的信息存入长时记忆。⑤回忆阶段，根据线索对信息进行检索和回忆。⑥概括阶段，学习在变化的情境或最现实的生活中应用所学知识，对知识进行概括，将知识迁移到新的情境中。⑦操作阶段，学生利用所学知识，对各种形式的作业进行反应。⑧反馈阶段，学生通过操作活动的结果认识到学习是否达到了预定目标，从而在内心得到强化，使学习活动告一段落。

三、认知教学法

（一）利用有指导的探索进行发现学习

发现学习鼓励学生对要学习的信息进行非结构化的探索，从而主动地发现概念、规则或者原理。然而，没有来自教师的任何指导，缺乏预备知识或者激活了不恰当的知识，学生可能无法将需要学习的原理整合到自己的记忆系统中；也可能因为发现过程中的可能性太多，学生根本无法发现原理。因此，在发现学习中，可以采用指导性探索的方法。在这种方法中，教师提供足够的指导以确保学生发现要学习的规则或者原理。对于寻求发现物理原理的高中生，教师要提供一般的实验指南，指导他们的实验，并对学生实验进展进行监控，在必要的时候将学生的活动引导到正确的方向上。有指导的探索能有效地促进学生对新知识的学习和迁移，但是，教师在决定提供多少以及何种类型的指导时还是需要考虑学生的个别能力和需求。

（二）提供以有意义学习为目的的讲解式教学

讲解式教学的目标不是让学生独立地发现要学习的内容，而是要确保学生以一种有意义的方式把新信息整合进记忆。

在讲解式教学中，教师介绍新知识时要强调它与学生已知知识、现实生活中的事例和情境的关联。教师可以使用先行组织者技术，在教学前呈现一般信息，提供给学生以整合新信息的框架。如花一些时间回顾与信息内容相关联的大纲，为视觉呈现流程图，介绍一个过程或一个类比。例如，用相机类比人类的眼睛来教学生人类的眼睛是如何工作的。在激活学生的相关知识后，教师可以以一种高度组织的方式呈现学习内容，即先呈现整体的或前提性知识，然后将其划分为部分的、更具体的学习内容，为学生整合新知识提供可靠的基础和框架。此外，教师可以给学生提供在多种不同的情境中练习新知识的机会，以达到对新内容的完全理解。

（三）根据学生的注意规律设计和实施教学

随着时间的推移，学生获取新信息的能力和分辨重要信息的能力在不断变化，教师应注意根据学生的心理发展水平来设计课程。在课堂上可综合采用多种教学方法使学生集中注意力。如一节课前的几分钟由教师讲课和演示，之后可以考虑停下来让学生讨论和练习新的概念，或是让他们以小组的形式完成一项任务。在条件允许的情况下，可以让学生亲身参与角色扮演、演示、做实验以及调查研究。在课堂上，利用重复将学生注意力集中到重要的概念上，如让学生做笔记、画概念图或者是图表。提问学生关于材料的问题，来指引他们注意的方向，如可以向全班提出问题，也可向某个学生提问，可以帮助学生注意并开始思考。在从一个活动转向另一个活动或者转向另一个主题之前，让学生记录刚才讨论过的或学习到的问题或是总结。这种做法鼓励学生在活动、讨论和讲座进行的时候引起注意并在结束前进行信息加工。读懂学生的肢体语言和面部表情，识别他们学习节奏变化的时机。通过引入变化和新奇的事物，维持学生的好奇心。此外，注意在学生久坐之后提供休息时间。

在课堂管理中，设计出一种信号告诉学生停下手中的事将注意力集中在教师的身上（如以铃声、一种掌声、一种熟悉的口号来开始一堂课）。在课堂环境的设置中，可以合理安排座位，使学生的注意力能集中在教师身上。一般来说，坐在教师身边的学生能更好地集中注意力。要使教室里的注意力分散现象降到最低，这样就不会干扰学习。

第三节 建构主义的学习理论

一、建构主义理论的基本观点

建构主义的思想可以通过一个故事来阐述，即"鱼牛的故事"。在一个小池塘里住着一条鱼和一只青蛙，它们俩是好朋友，都想出去看看外面的世界。但因为鱼不能离开水，所以只能由青蛙独自去完成这项任务。有一天青蛙回来了，告诉鱼，外面有好多新奇有趣的东西。"比如说牛吧，"青蛙说，"它的身体很大，头上长着两只弯弯的犄角，以吃青草为生，身上有黑白相间的斑块，长着四只粗壮的大腿。"青蛙已经描述得很清楚了，在鱼的脑海里，出现的"牛"的形象是什么样的呢？原来是这个样子的牛——鱼牛——也就是在鱼的身体上加上了鱼所听到的牛的特征。鱼牛的故事体现了建构主义的基本思想，个体对知识的建构是基于经验的。

（一）建构主义理论的知识观

传统的知识观认为知识是对客观事物的表征，因此，知识是客观的，对所有人是统一的，这是客观主义的观点。而建构主义则是与客观主义相对立的，它强调，意不是独立于我们而存在的，个体的知识是由人建构起来的，对事物的理解不仅取决于事物本身。事物的感觉刺激（信息）本身并没有意义，意义是由人建构起来的，它同时取决于我们原来的知识经验背景。不同的人由于原有的经验不同，对同一种事物会有不同的理解，也就是说，知识不可能以实体的形式存在于具体的个体之外，尽管我们通过语言符号赋予了知识一定的外在形式，甚至这些命题还得到了较为普遍的认可，但这并不意味着学生会对这些命题有同样的理解，因为这些理解只能由学生基于自己丰富和独特的经验背景而建构起来，取决于特定情境下的学习历程。建构主义在某种程度上对知识的客观性、可靠性和确定性提出了怀疑，强调知识的相对性、主观性和情境性。

（二）建构主义理论的学习观

学习不是简单的知识由外到内的转移和传递，而是学生主动地建构自己的知识经验的过程，通过新经验与原有知识经验的双向相互作用，来充实、丰富和改造自己的知识经验。

学习不是知识由教师向学生的传递过程，而是学生建构自己知识的过程，学生不是被动的信息接受者，相反，他要主动地建构信息的意义，这种建构不可能由其他人代替。学生的这种知识建构过程具有三个重要的特征。

1. 主动建构性

面对新信息、新概念、新现象或新问题，学生必须充分激活头脑中先前的知识经验，通过高层次思维活动，即需要付出高度注意力努力，有目的、有意识、连贯性地对知识进行分析、综合、应用、反思和评价。学生要不断地思考，对各种信息和观念进行加工转换，基于新、旧知识进行综合和概括，解释有关的现象，形成新的假设和推论，并对自己的思维活动进行反思性的推敲和检验，学生作为学习活动的主体，承担着学习的责任，需要对学习活动进行积极自主的自我管理和调节。

2. 社会互动性

学习是通过对某种社会文化的参与而内化相关的知识和技能、掌握有关工具的过程，这一过程常需要通过一个学习共同体的合作互动来完成。所谓学习共同体（或称为学习的社会群体，Learning Community），即由学生及其助学者（包括教师、专家、辅导者等）共同构成的团体，他们彼此之间经常在学习过程中进行沟通交流，分享各种学习资源，共同完成一定的学习任务，因而在成员之间形成了相互影响、相互促进的人际联系，形成了一定的规范和文化（张建伟、孙燕青，2005）。学习共同体的协商、互动和协作对于知识建构具有重要的意义。

3. 情境性

传统教学观念认为，概括化的知识是学习的核心内容，这些知识可以从具体情境中抽象出来，让学生脱离具体物理情境和社会实践情境进行学习，而所习得的概括化知识可以自然地迁移到各种具体情境中。但是，情境总是具体的、千变万化的，抽象概念和规则的学习无法灵活适应具体情境的变化，因此，学生常常难以灵活应用在学校中获得的知识来解决现实世界中的问题，难以有效地参与社会实践活动。因而，建构主义者提出，知识是生存在具体的、情境性的、可感知的活动之中的。它不是一套独立于情境的知识符号（如名词术语等），不可能脱离活动情境而抽象地存在。它只有通过实际情境中的应用活动才能真正被人所理解，学习应该与情境化的社会实践活动结合起来（Brown、Collins和Duguid，1989）。

（三）建构主义理论的教学观

由于知识的动态性和相对性以及学习的建构过程，教学不再是传递客观而确定的现成知识，而是激发出学生原有的相关知识经验，促进知识经验的"生长"，促进学生的知识建构活动，以促成知识经验的重新组织、转换和改造。教学要为学生创设理想的学习情境，激发学生的推理、分析、鉴别等高级的思维活动，同时给学生提供丰富的信息资源、处理信息的工具以及适当的帮助和支持，促进他们自身建构意义以及解决问题的活动。

综上所述，当今的建构主义者对学习和教学做了新的解释，强调知识的动态性，强调学生的经验世界的丰富性和差异性，强调学习的主动建构性、社会互动性和情境性。学生是自己的知识的建构者，教学需要创设理想的学习环境，促进学生的自主建构活动。

二、建构主义理念下的教学方法

建构主义理论的出现给教育心理学的发展注入了新鲜的血液，对现代教育产生了重大的影响，受到各国教育界的重视。在不断强调素质教育的今天，构建主义理论更是适应了时代发展的要求，适合于我国的教育改革。我们应重视建构主义理论在实际教育中的应用，不断提高学生的能力，使我国的教育体系更加完善。

在建构主义理论的指导下，我国的教育教学原则应该做到：以学生为中心，强调综合能力的培养而不只是对书本知识的教授；在课堂教学中使用真实的任务和日常的活动或实践来整合多重的内容或技能。学生的学习应该是合作协商的而不是孤立完成或教师强加的；学习评估的标准应是灵活的而不是同一的；同时在学习中要鼓励学生有不同的观点和想法，让他们进行积极的思考和自我反思评价。在这样的教学原则指导下建构主义已形成了一些行之有效的教学设计模式，主要有以下几种。

（一）认知学徒式教学

认知学徒式教学被许多研究者视为建构主义理念的一个重要模式。认知学徒式教学侧重概念知识与认知技能在不断变化的真实情境中的应用，而这些变化的情境既有助于深化对概念或认知技能的理解，又有助于构建反映概念、认知与问题解决情境之间重要联系的网络。在认知学徒式教学活动中，强调学习共同体，学生通过参与共同体的活动和社会交互，进行某一领域的学习。教师（专家）像"师傅"一样会根据每个学生的不同特点给予指导，学生根据不断变化的问题情境进行探索，寻求解决问题的方法，在情境中反复地观察、演练和实践。教师（专家）和学生的关系类似于传统作坊中的"师徒"关系，学生像手工业中徒弟跟随师傅那样在实际情境中进行学习，因此，称为认知学徒式教学。认知学徒式教学的重点有：向学生提供可应用的知识，让学生创造出可以用来整合学习经验的整体框架，反复变化观察的角度等。

（二）合作学习

合作学习是建构主义理论十分重视的一种学习模式，每种教学设计中都离不开合作学习。学习活动在小组成员之间展开，学生发现完成总任务所需要完成的各自子任务，自己解决所必需的各种知识和技能，然后通过合作讨论来完成学习，此种学习模式强调成员之间的交流协作，小组成员间相互依赖、相互沟通，共同完成知识经验的建构，从而达到共同的目标。学生之间的交流、讨论有助于对知识进行更深层次的理解，有利于学生更好地认知自己的思维过程，建立完整的经验表征。在建构主义理论的学者看来，学生要在真正意义上掌握知识，就必须主动建立自己的知识体系，在学习中主动发现问题，讨论和分析有关信息，交流合作，建立起对知识的理解；在合作中自主监控，学会反思，修正学习策略，优化学习过程。

（三）支架式教学

支架式教学设计源于建构主义理论关于概念框架的观点，利用概念框架作为学习过程中的"脚手架"（Scaffolding），这种教学是通过"支架"（教师的帮助）的作用把管理调控学习的任务逐渐由教师转移给学生自己，最后撤去"支架"。这是以维果斯基的"辅助学习"（Assisted Learning）和"最近发展区"（Zone of Proximal Development）理论为基础，在教学之初为学生提供一种概念框架来充当学生学习的"支架"，利用此种"支架"，学生在教师的引导下不断取得进步，不断进行更高水平的认知活动，同时教师指导的作用变得越来越小；最后撤掉"支架"，学生独自完成对所学知识的意义建构。支架式教学不断地把学生的智力从一个水平提升到另一个更高的水平，真正做到使教学走在发展的前面。支架式教学的基本环节包括：搭"脚手架"、进入情境、独立探索、协作学习和效果评价。

（四）抛锚式教学

抛锚式教学也被称为情境性教学实例式教学或基于问题的教学。抛锚式教学要求以与现实情境相类似的情景为基础，以现实生活中遇到的问题为目标来完成意义建构，这类真实事件或问题被比喻为"锚"，整个教学内容和教学进程以此为中心。在抛锚式教学设计中，教学情境与真实情景类似，教师呈现真实性任务或问题给学生，即"抛锚"，让学生通过亲身体验和感受，主动识别、探索、发现和解决问题。同时，抛锚式教学设计主张弱化学科界限；教师不将提前准备好的内容教给学生，而是在真实情景中提供解决问题的探索过程，并指导学生进行探索。最后，不需要独立于教学过程的测验，而是实行与学习过程一致的情境化的评估（Context — driven Evaluation）。比起简化了的课堂环境教学，抛锚式教学更有利于培养学生解决问题的能力。它的多样性又可以培养学生的探索精神，并且在完成任务的过程中表达自己的知识，具有一定的适用性。

在实际教学中，不一定只采用其中的一种教学方法，可以将几种教学方法结合在一起灵活地加以运用。

第四节 人本主义的学习理论

人本主义心理学的学习理论从全人教育的视角阐释了学生整个的成长历程,重视如何为学生创造一个良好的环境,让其从自己的角度感知世界,发展出对世界的理解,达到自我实现的最高境界。

一、马斯洛的学习理论

(一)自我实现的人格观

人本主义心理学家认为人的成长源于个体自我实现的需求,自我实现的需求是人格形成、发展、扩充和成熟的驱动力。马斯洛认为,正是由于人有自我实现的需求,才使得有机体的潜能得以实现、保持和增强。人格的形成源于人性的自我压力,其发展的关键就在于形成和发展正确的自我概念。而自我的正常发展必须具备两个基本条件:无条件尊重和自尊。其中,无条件的尊重是自尊产生的基础,因为只有别人有好感(尊重),自己才会对自己有好感(自尊)。如果自我正常发展的条件得到满足,那么个体就能依据真实的自我行动,真正实现自我的潜能,成为自我实现者或功能完善者、心理健康者。

马斯洛还认为,人的潜能是自我实现的,而不是教育的作用。因此,在环境与教育的作用问题上,他认为"文化、环境、教育只是阳光、食物和水,但不是种子",自我潜能才是人性的种子。他还认为,教育的作用只在于提供一个安全、自由、充满人情味的心理环境,使人类固有的优异潜能自动地得以实现。

(二)内在学习论

马斯洛批判传统的学习是一种外在学习,他认为外在学习(External Learning)是单纯依赖强化和条件作用的学习。其着眼点在于灌输而不在于理解,属于一种被动的、机械的、传统教育的模式。学习活动不是由学生决定的,而是由教师强制的,学生只是对个别刺激做出零碎的反应而已,所学的知识缺少个人意义,"学生学到的,不过像是在他的口袋里装了几把钥匙或几个铜钱而已,所学的一切,对他个人的心智成长,毫无意义"。在他看来,学生们浸透着外在学习的态度,并且像黑猩猩对训练员的技巧做出反应那样对分数和考试做出反应，读一本书的唯一理由可能是它能够带来的外部奖赏，为了获得"一纸文凭"或"赚取学位"可概括为这一外在教育的弊端。

马斯洛认为，理想学校应反对外在学习，倡导内在学习。所谓内在学习（Internal Learning）是指依靠学生内在驱动，充分开发潜能，达到自我实现的学习。这是一种自觉的、主动的、创造性的学习模式。内在教育的模式会促使学生自发地学习，打破各种束缚人发展的清规戒律，自由地学习他想学习的任何课程，充分发挥想象力和创造力。

二、罗杰斯的学习理论

在人本主义心理学对教育产生的最直接而重要的影响中，罗杰斯当推首位。20世纪60年代，罗杰斯将他的"来访者中心疗法"移植到教育领域，创立了"以学生为中心"的教育和教学理论，成为20世纪最重要的教育理论之一。

（一）知情统一的教学目标

罗杰斯认为，情感和认知是人类精神世界中两个不可分割的有机组成部分，两者互为一体。罗杰斯的教育理想是要培养"躯体、心智、情感、精神、心力融汇一体"的人，也就是既用情感的方式、也用认知的方式行事的知情合一的人。他称这种知情融为一体的人为"全人"（Whole Person）或"功能完善者"（Fully Functioning Person）。罗杰斯说："只有学会如何学习和如何适应变化的人，只有意识到没有任何可靠的知识，唯有寻求知识的过程的人才是可靠的人，才是有教养的人。现代世界中，变化是唯一可以作为确立教育目标的依据。这种变化取决于过程而不取决于静止的知识。"

教育的目标在于促进学生的发展，使他们成为能够适应变化、知道如何学习的"自由人"（即功能完备的人）。在这里，自由是指能使人敢于涉猎未知的、不确定的领域，自己做出抉择的勇气。

（二）意义学习与自由学习

罗杰斯认为，学习可以分为两类，分别处于意义连续体的两端。一类学习类似于心理学上的无意义音节。学生在课堂里学习的许多内容对于他们来说就具有这种无意义的性质。这种内容学起来困难，且容易遗忘。因此学校教育只是促使学生学习没有个人意义的材料。这类学习只涉及心智，是一种发生"在颈部以上"，不涉及感情或个人意义，与完整的人无关。罗杰斯认为，这种独尊认知学习的做法是现代教育的悲剧之一。另一类学习是意义学习。意义学习（Significant learning）是一种使个体的行为、态度及个性发生重大变化的学习。例如，学生学习"烫"字，明白了在生活中避开开水、火源伤害。这不仅是一种增长知识的学习，而且是一种与每个人各部分生活经验都融合在一起的学习。这种学习，对学生本身具有意义并存在联系。在这里，我们需要注意罗杰斯的意义学习和奥苏贝尔的有意义学习（Meaningful Learning）的区别。前者关注的是学习内容与个人之间的关系，而后者则强调新旧知识之间的联系，它只涉及理智，而不涉及个人意义。

从意义学习的观点出发，罗杰斯认为，凡是可以教给别人的知识相对来说都是无用的，而那些能够影响个体行为的知识只能靠个体自己发现并加以同化。教师的任务不是教学生学习知识（这是行为主义者所强调的），也不是教学生如何学习（这是认知理论所重视的），而是为学生提供各种学习的资源，提供一种促进学习的氛围，让学生自己决定如何学习。罗杰斯倡导的学习原则的核心就是让学生自由学习，只要教师信任学生，信任学生的学习潜能，并愿意让学生自由学习，就会在与学生的交往中形成适应自己风格的、促进学习的最佳方法。

（三）以学生为中心的教学

罗杰斯对传统教育的师生关系进行了猛烈的批判。从教育政治的角度来看，这是一种壶与杯的教育理论。教师（壶）拥有理智的、事实性的知识，学生（杯）是消极的容器，知识可以灌入其中。罗杰斯主张废除教师这一角色，代之以学习的促进者。学生自身具有学习的潜能，促进者只需为他们设置良好的学习环境，提供各种学习资源，使他们知道如何学习，他们就能学到所需要的一切。

罗杰斯认为，促进学生学习的关键不在于教师的教学技巧、专业知识、课程计划、视听辅导材料、演示和讲解、丰富的书籍等（虽然这中间的每一个因素有时候均可作为重要的教学资料），而在于特定的心理氛围因素，这些因素存在于"促进者"与"学生"的人际关系之中。那么，促进学习的心理氛围因素有哪些呢？罗杰斯认为，这和心理咨询领域中咨询师对来访者的心理氛围因素是一致的，即以学生为中心的三条原则。①真诚一致。学习的"促进者"是一个表里如一、真诚、完整而真实的人，没有任何矫饰、虚伪和防御。②无条件积极关注。学习的"促进者"关心"学习者"的各个方面，尊重其情感和意见，接纳其价值观念和情感表现，而且这种感受并不以对方的某个特点、某个品质或者整体的价值为取舍、为依据。③同理心。学习的"促进者"能了解"学习者"的内在反应，了解其学习的过程，为其设身处地，感同身受。在这样一种心理氛围下，教师就真的只是学习的促进者、协作者或者说伙伴、朋友，学生才是学习的关键，而学习的过程就是学习的目的。

（四）非指导教学模式

非指导教学模式强调个体形成独特自我的历程，尤其重视情绪生活。这种模式认为，教育是要帮助个人发展自我与环境的关系，形成自我的独特看法，发展良好的人际关系，以及更高效的信息处理能力。学习环境应该鼓励学生学习而不是控制学生学习，教学旨在发展个人人格与长期的学习方式，而不是仅仅只为了短期教学目标。因此，教学应注重如何增进学生学习。

下面列举几种能增进学习效果的最有效的教学方法。

①以生活中所遇到的问题作为学习内容。

②提供完善和丰富的资料来源。

③运用学习合同或契约，来促使学生设定自己的目标与计划。

④运用团体决策来订立学习目标与内容。

⑤帮助学生学习如何应对问题。

⑥利用启发式活动，使学生获得经验性的学习。

⑦利用程序教学，依据学生的学习速度，多给予正强化，使学生获得经验性的学习。

⑧采用基本的会心团体（Basic Encounter Group）以及敏感性训练。

⑨采用自我评价。

总之，整个教学过程以学生为中心，教师要从学生的观点里了解其世界，形成移情沟通（Empathetic Communication）的氛围，以培养和发展学生的自我导向（Self-direction）。

马斯洛和罗杰斯倡导以学生经验为中心的有意义的学习、内在学习和自由学习，对传统的教育理论造成了冲击，推动了教育改革的发展。人本主义的观点和主张从理论上说，方向无疑是正确的，值得我们思考和借鉴，但是，在教育实践中实施起来却是相当不易的，即使在人本主义思潮鼎盛的时期，他们自身的教学主张，如"开放学校""开放课堂"等也没有得到真正实现。

第三章 高校教育教学的理念创新

第一节 高校教育教学理念创新的缘由

一、高校教育教学理念创新的由来

（一）培养人才观念的形成

高校教育的根本任务是培养人才，而人才培养的主要途径是教学活动。改革开放以来，确立了知识本位的高校教育思想观念。

随着国家对人才培养质量的关注与重视，人们开始重新认识和反思高校教育教学和科研的关系，进而确立了教学在学校工作中的中心地位，无论什么类型的高校，其首要任务是人才培养。高校教师必须把教学放在第一位，切实履行教师的基本职业职责。

随着世界高校教育发展和科技、社会进步对人才培养规格新要求的不断提出，能力本位观点越来越受到重视，社会更需要提供知识全面、技能过关的高素质人才。因此，对教学活动提出了新的要求：一方面是出于理论教学与实践教学的关系问题的考虑，既不能忽视理论教学又要加强实践实验教学；另一方面是出于协调学校教育与社会教育的关系，既不能在学校教育与社会教育之间走极端，也不能过多增加学生的时间、经费、心理等学习负担。于是，新的教学中心地位理论逐步得到丰富和发展，在校内强调理论教学与实验，在科研活动中培养学生的能力，在校外加强实习实训基地建设，建立产学研究机制。

（二）以专业教育为主的教育思想形成

一般认为，国际上高等教育大致有两种教学模式：一种是以苏联和德国为代表的专才教育模式，学生在校学习时间较长，既打基础，又进行实践训练；另一种是以美国为代表的通才教学模式，学生在校学习时间较短，主要是打基础，实践训练放到大学毕业以后。我国最先主要学习苏联的专才教学模式。改革开放后，苏联专才教育模式的许多问题开始显现，转而我国开始注意学习欧美的通才教育模式。同时，这两种模式自身又不断变化和交融。

一般认为，现代专业教育思想源于美国国家功利主义视域下的科学主义高校教育哲学。兴起于20世纪初的以实用为标准的功利主义教育观影响了美国几十年，受苏联1957年"卫星上天"的影响，美国更加重视高校教育教学的科学功利。1978年我国召开的全国科学大会提出"向科学进军"，迎接科学春天的到来，此后一直成为国家教育方针政策以及学校教育教学工作的重要指导思想的构成元素。但培养学生一技之长的专业教育思想很快也受到素质教育思想的挑战，因为国内外的人才成长及使用实践表明，仅有一技之长的人并不能担当高级专门人才的重任。随着世界科技的迅速发展，学科专业高度分化后再高度综合成为发展趋势，人才培养与社会工作都面临越来越复杂化，特别是"曼哈顿计划"反映出社会工作对人员合作、协调、组织能力等综合素质的要求越来越高，不仅要具有扎实的基础、宽广的知识面、较强的能力，而且要具有良好的思想政治素质、道德水平、健全的身体和心理素质。

以自由教育、人文教育、普通教育等形式出现的综合素质教育思想得以萌生，传统意义上的专门人才培养模式、观念逐渐被拓宽专业口径、增强适应性的呼声和"通识教育"的理念所取代，仅仅重视科学技术的"精、深、专"为"德才兼备""文理兼备"的人才目标所取代。随后，华中科技大学率先提出以人文素质教育为突破口，中共中央和国务院出台专门文件推进的高校教育全面素质教育，并建立了一大批国家人文素质教育基地。人文素质教育并非只对理工科学生进行人文科学知识传授，而是对所有学生加强人文品格、人文精神的全面教育，是通识教育的具体体现。

（三）提高终身学习和终身教育观念形成

按照传统的职业教育观念，高校教育在教育序列中毫无疑问就是人一生的终结性教育活动。但由于世界科技发展的日新月异以及世界性社会工作的不断变化，由联合国教科文组织的系列报告引发，以素质教育思想为理论支撑的终身教育、终身学习观念逐渐渗透到高校教育领域，高校教育究竟是终结性教育还是基础性教育成为学术界的争论热点。特别是高校教育达到大众化甚至普及化程度之后，高校教育的基础性就更加突出，高校教育只能为学生未来成为科技人才，从事科技事业打下知识、能力和继续学习的基础，而不能为未来准备好所需的一切。因此，高校教育人才培养必须更加重视比较宽广的学科领域、比较扎实的基础知识、比较强的学习和研究能力，也必须为在职人员提供高校教育后继续学习的条件。

（四）"以学生为本"的个性化教学观念逐渐生成

一场世界性的学习革命使高校教育教学模式也必须适应受教育群体的历史性变化，这是高校教育教学创新的直接指导原则和方向。具体而言由单纯的掌握知识转变为更加注重智力发展和能力培养；由单纯的专业知识和能力培养转变为同时注重拓宽知识面，培养具有包括外语能力、经管能力、交往能力等多种能力的复合型人才；由单纯注重统一的培养规格转变为同时注重发挥学生的多样化特长和学习潜力；由偏重理论知识转变为同时注重实际知识，进一步强调理论与实践相结合等。

因材施教，促进人的全面发展是一条基本教育原则。为了突出学生在人才培养中的主体地位，在教学管理、教学环节、教学方式等方面也要将统一的、固定的人才模式变革为多样化、个性化的教学过程和教学形式。既努力拓宽专业口径又坚持按专业培养人才；既制定人才培养目标和基本规格又给予学生充分自由的发展；既坚持教学工作的计划性又给予学校、专业、教师和学生较大的灵活性。在教学管理上，推行学分制，实行选课、选专业等灵活的制度和政策。

二、高校教育教学的变化趋势

进入 21 世纪以来，随着我国高校教育大众化进程的不断推进，高校教育条件保障机制等方面遇到了困难。政府和高校的积极举动是实施"高校教学质量与教学创新工程"，试图既改善高校教育的条件保障状况，又注重将物化的环境与条件转化为人才培养所必需的制度建设，不断推进教学思想观念创新。

（一）建立健全的教育观

健全的教育观具体表现在创新高校教育资源共享上，通过新教材和立体化教材建设、网络教育资源开发和共享平台建设，建设面向全国高校教育的精品课程和立体化教材的数字化资源中心，建成一批具有示范作用和服务功能的数字化学习中心，完善终身学习的支持服务体系，提升我国高校教育的质量和整体实力。这需要充分考虑提高教学质量的系统性和复杂性，确定一些具有基础性、全局性、引导性的创新突破口，引导高校教育教学创新的方向,实现高校教育规模、结构、质量和效益协调发展。同时,也需要调动政府、学校和社会各方面的力量,把发展高校教育的积极性引导到提高质量上来,充分利用各方面力量支持高校教育的发展,切实解决高校教育在提高质量方面的实际问题,为高校教育创新创造良好的外部环境。

(二)高校教育教学创新

高校教育教学创新与高校教育质量提高是一对永恒的话题,总体而言,我国高等教育教学创新在实践活动上可谓阵容庞大、气势恢宏,但在形式和内容上出彩不多。因此,在教学制度创新方面,要继续建立和完善教学评估制度、专业认证制度、高校教育基本状态数据发布制度等;在教学活动创新方面,不仅要落实"教授、名师要上课堂",还要努力建设高水平的教学团队。同时,应继续突出学生的主体地位,不断加大学生选课、选专业余地,通过学分制使学生学习的自主性、自我责任心进一步增强。还应通过各级各类大规模、高强度的教学研究与教学创新立项和成果奖励,推动教学方法创新的激励机制。

第二节 高校教育教学理念创新的思路

一、更新教学理念

(一)更新教育思想,形成实践教育教学理念

实践是指将高校教育教学内容中的自然科学、人文、德育等各种理论知识教育,通过具体的系统实践来消化、固化、融合、升华。在实践中统一科学教育与人文教育,把实践育人贯穿人才培养的全过程,培养学生的实践能力和创新精神,提升学生的人文素质和科学素质,达到完全与社会实际需求相符合。高校在校园文化建设中要建立一种新的激励机制,带动学生积极展开创新创业活动,并给予大力支持,全面推进实践教育。

(二)树立"以生为本"的教学理念

在教育教学中要体现出对学生主体地位的充分理解和尊重,对学生潜能的充分诱

导和挖掘，对学生人格的充分培养和塑造，把学生的个人意愿、社会的人才需求、学校的积极引导有机结合起来，使学生在知识、能力、思想道德、身心健康等各方面得到均衡、全面的发展，从而促进学生成长成才。"以学生为本"教学理念要充分贯彻、体现到高校教学环节之中的各个方面。在教学模式上，实施弹性教学计划，建立学分制、主辅修制，让学生有一定的选择权和支配权，可以自由支配属于自己的时间和空间，着力于学生创新能力和实践能力的培养。在教学目的上，要一切为了学生，为了学生的一切，为了一切学生。在教学方法上，要大力提倡"以学生为主体、教师为主导"的互动式教学方法，鼓励进行问题式、案例式、讨论式、情境式教学法，开展"启发、互动、探究式"的课堂教学实践，采取一系列措施，使教师由传统式知识传授型教学向现代式研究型教学转变，引导学生由被动接受型学习向研究型学习转变。

（三）灵活多样的教学组织形式

在教学组织的具体实施方面，应采取灵活多样的教学组织形式，对传统教学的方式进行创新，充分发挥学生的个性，对学生进行激发和引导，使学生经过探索研究而学会自主学习，使教学方式以传授知识向培养学生认知能力和全面素质转变。转变以教师、课堂、书本为中心的教学局面，进行师生互动，展开专题讨论，鼓励自主探索与合作的学习方式，培养学生的探索精神与批判性思维；重视教学的创新性和学生个体间的差别指导，让学生在与教师的朝夕相处中耳濡目染，接受熏陶；以学生亲自动手实践为主，采取提供实践平台、鼓励学生积极参与科学研究实践课程创新的手段，增强教学活力，培养学生获取新知识、分析和解决问题、交流与合作的能力。

（四）制定均衡的高校教育资源配置政策

在重点大学和普通大学之间要实现教育资源配置的均衡。在建设和发展"双一流"大学的同时也要兼顾普通大学，着力改善普通大学的办学条件。还要针对目前不同区域间高校教育差距越来越大的现象，制定相应的区域高校教育政策，寻求不同教育资源在区域间配置的平衡，增强区域高校教育发展的动力。

科学合理的安排高校教育的学科专业布局，加强教学内容和课程体系创新。合理安排课程设置，高校的办学理念、专业与课程设置、教学模式要与社会需求相一致，培养与社会需求相符的人才。首先，在进行学科专业建设时依据"厚基础"原则构建培养本学科专业人才的基础知识、能力和素质结构。其次，在安排学科专业布局时要依据"宽口径"原则，拓宽学生的专业知识面，把专业设置从对口性向适应性转变，实行"宽口径"的专业教育，优化课程整体结构，拓宽专业课程交叉培养，提高教学质量，提高学生的综合素质，培养学生的科学、全面发展，为社会提供高素质人才。最后，高校要抓住自身特色，合理定位，遵循差异性原则，建设优势学科，避免模式单一，合理配置教育资源，促进教育公平，促进高校教育科学发展。

（五）因材施教，树立"以生为本"的教学理念

因材施教，是指根据不同学生的个性特点来进行不同的教育活动，通过对差异性的辨析制订出适合其特点的教学计划。教育公平的实质不是使每一个学生都要获得同样的教育，而是使每个学生都获得适合自身的教育。我们要充分认识到学生是教育活动的主体，是发展的独立的人，每个学生都有自己独特的个性，我们要做到在制定教学目标、教学模式、教学内容以及教学方法等方面坚持"以生为本"的教学理念，尊重学生的主体地位，充分挖掘学生的潜能，使学生的个性得到充分发展，塑造学生的健全人格，促进学生的全面发展，促进教育公平的实现。

（六）构建高校教育教学质量保证体系

高校教育教学的质量直接影响着学生的全面发展，最终影响着经济社会的发展。我们要依据相应的政策法规建立高校教育教学质量保证体系，规范学科专业建设，避免重复建设和教育资源浪费，构建独立的、有权威性的高校教育教学质量评估机构，加强对高校教育教学质量的监督，完善高校教育教学评估政策，充分发挥社会的监督作用，对高校教育教学质量进行监督。

总而言之，追求高校教育教学公平是促进高校教育公平的核心所在，也是促进高校教育创新发展的不懈动力，我们必须继续深化高校教育教学创新，优化高校教育结构，不断提高高校教育教学质量，实现学生的全面发展，最终促进高校教育教学公平的实现。

二、办学特色的形成

第一，教育教学创新，培育办学特色。一所有特色的高校必定拥有自己独特的教育思想和教育教学理念，这种教育思想和教育教学理念能够在特定的时空环境，指导高校在办学发展过程中的办学思想和办学理念，并能适应时代和社会对教育和人才培养的要求，符合教育思想和教育教学理念的创新要求，符合教育创新发展和社会进步

的一般规律，能够促进教育发展方向、人的全面发展及人才培养过程的优化。教育教学的创新必将带来教育思想的转变，先进的教育思想必将促进先进办学思想的实践，包括新的办学目标、办学模式的重新定位标准，如何实现这一标准所采用的方法、途径以及对此办学实践效果的综合评价。

第二，构建学科特色，促进办学特色。学科特色建设是促进高校办学特色形成的关键所在。学科建设作为高校知识传授、知识生产和服务社会三大职能的具体承担者，它的建设和发展水平对高校的人才培养、科学研究、专业建设和师资队伍建设等方面的质量有着重要影响，对高校办学特色的形成有着强有力的支撑作用，并决定着学校的服务能力和水平及办学层次的提高。学科特色是高校办学特色中的标志性特色，是构成高校教育核心竞争力的主要组成部分。学科特色，一是指特色学科，是指某一特定的学科特色；二是指学科结构体系特色，是指由几个特色学科共同组成的学科特色。特色学科是学科特色发展的基础，学科结构体系特色是学科特色的扩展，真正的特色学科具有不可替代性，是难以被模仿和复制的。

高校在学科建设上不能求"大"、求"全"、求"新"，而要求"精"求"尖"，要因校制宜地构建优势学科，发挥优势学科所附带的"品牌"效应，形成办学特色。科学家田长霖教授曾经说过，世界上地位上升很快的学校，都是首先在一两个学科领域有所突破，而不可能在各个领域同时突破，达到世界一流。学校要全力支持最优秀的学科，要有先有后，把优势学科变成全世界最好的，其他学科也就会自然而然地提升上来。所以，从某种意义上来讲，一所高校的学科优势所在，也就是这所高校的办学特色所在。

第三，发扬高校精神，形成办学特色。高校应该是思想自由、学术自由，培养人、完善人，不断提升人格和道德，追求学术真理的。高校精神就是在高校里做学问的心理状态和文化立场。高校精神是一所学校内所有成员在长期办学实践中共同创造、传承、逐步发展起来的，被高校所有成员共同认同而形成的一种精神理念，它反映了一所高校的历史文化传统以及面貌，是学校的精神信念和意志品质的准确表达，是高校独特气质的精神形式和文明成果的表现，也是高校所有成员的精神支柱。高校精神犹如个人的品格，是高校最为核心和高度抽象的价值追求和行为规范，决定着高校的行为方式和高校发展的方向，是高校存在和发展的基石，是高校的灵魂和本质之所在。高校精神是高校保持永久活力的源泉，是高校优良传统文化的结晶，是高校在长期教育实践中积淀下来的最具典型意义的精神象征，体现了高校所有的群体心理定式和精神状态，展现了高校的整体面貌、风格、水平、凝聚力、感召力、生命力，最终凝聚形成独有的办学特色。高校的办学理念以及办学实践应该有利于高校精神的形成和发展，并使之形成一种特色教育，经久不衰。

三、推进师资队伍建设

逐步取消高校行政级别，精简高校管理机构，压缩行政费用开支，使教师真正在高校中处于主导地位，同时进行师资队伍建设。百年大计，教育为本；教育大计，教师为本。教师的重要性，就在于教师的工作是塑造灵魂、塑造生命、塑造人的工作。一个学生遇到好教师是人生的幸运，一所学校拥有好教师是学校的光荣，一个民族源源不断涌现出一批又一批好教师则是民族的希望。国家繁荣、民族振兴、教育发展，需要我们大力培养造就一支师德高尚、业务精湛、结构合理、充满活力的高素质专业化教师队伍，需要涌现一大批好教师。

（一）优化高校师资队伍结构

高校师资队伍的结构内容主要包括教师的学历、职称、年龄等方面，它可以直观地反映出教师队伍的质量、能力和学术水平的一些基本情况。

近些年来，我国陆续实施了"高层次创造性人才工程""高校青年教师奖""骨干教师资助计划""硕士课程进修"等多项高级资质队伍建设工程。我们要继续加大对骨干教师和优秀学科带头人的引进力度，强化高层次带头人队伍建设。对于高职称的学科、学术带头人、紧缺专业人才要给予一定的政策倾斜，根据学科发展的目标，有目的地吸引高层次人才，以确保高校师资队伍的职称结构比例合理。还要通过有效措施引进高学历人才，提高师资队伍的学历层次。加强本校优秀人才的培养，吸纳来自不同地区和高校的人才，引进与培养相结合，推动人才与资源的有效整合，以利于各学科专业教师整体知识结构的优化，最终促进高校师资队伍结构的协调发展。

（二）提高高校教师综合素质

高校师资队伍建设是高校教育教学创新发展的基石，它直接关系着高校教学质量的提高与否。高校教育的快速发展对高校教师的教育教学思想、知识结构、教学方法等综合素质提出了更高层次的要求，即教师要具有熟练应用现代信息技术和现代教育手段的能力、教学与科研的创新能力、理论联系实际的能力、将知识服务于社会的能力以及良好的社会交往能力。要建设这样一支学术过硬、综合素质较高的教师队伍，我国的高校教育师资队伍建设任重而道远。提高高校师资队伍的综合素质要把师德建设放在首位。师德建设是师资队伍建设的基础，不断加强师德建设，是全面贯彻党的教育方针政策的根本保证，是培养德才兼备的高素质的社会主义建设者和接班人的必然要求。在高校师资队伍建设中要遵循"以人为本"的原则，牢固树立"师德兴则教育兴、教育兴则民族兴"的爱国主义教育教学理念，即教师要不断更新观念，用现代教育思想充实自我、完善自我，推进高校师资队伍建设，建设一支为人师表、作风优良、爱岗敬业、治学严谨、教学科研能力强、与时俱进的高素质教师队伍。

提高高校师资队伍的综合素质要注重教师教学素质的培养。教学是培养人才的直接途径，也是高校的主要工作，教师是教学的实施主体，培养教师的教学科研能力是提高教师教学水平的主要途径。要改变过去只注重学历的提高而忽视教育教学能力培养的状况，既要注重教师专业学术水平的提高，也要重视教师教学水平的提高。要求教师掌握教育教学理论、教学方法以及教学规律，增强教师提高教育教学水平的积极性和自觉性。还要加强教师对科研工作的重视，为教师提供进行科研创新的条件，提高高校师资队伍的科研能力、学术水平和教师职业化水平。以"特色专业，精品课程"建设和聘任重点学科带头人为龙头，加强重点学科带头人、学术带头人、学术骨干队伍建设，在部分学科领域形成独具特色的人才群体，致力于学术大师和教学大师的培养，带动师资队伍整体水平的提高。

总之，我们要把高校师资队伍看作一个整体，通过多种方式培养高校师资队伍的现代教育教学。提高教师的专业理论学术水平、教育教学能力、科学研究能力以及科学文化素养，全面提升它的教育教学功能、团队协作功能、科研开发功能及社会服务功能，使其掌握先进的教学、科研方法，具有崇尚科学、勇于创新的开拓精神，具有为高校教育事业不懈追求的精神，为高校培养一支具有良好的职业道德、较强的教学科研能力和充满活力的高素质师资队伍。促进高校教育教学质量和水平的提高，促进师资队伍建设的良性循环，促进我国高校教育教学创新，为高校教育创新的跨越式发展奠定基础。

四、创新课程体系及教学内容

（一）课程体系创新

首先，要优化和调整学科专业课程结构，因材施教，分层次教学、分类别培养，同时进行主辅修、双学位、定向培养、中外合作办学等多样化的人才培养模式，在满足不同基础学生学习的需求和发展需求的同时也能促进人才培养质量的提升；其次，在课程结构上，打破传统的单一课程结构类型，即分科课程、国家（或地方）课程、必修课程，重新调整课程结构，优化课程体系。综合课程、必修课程和选修课程都要各自占有一定的比例，以"本科规格＋实践技能"为特征，重视学生的个别差异，坚持"四个结合"，即理论与实践相结合、人文教育与专业课程教学相结合、课内与课外相结合、校内与校外相结合，构建一种合理的适合学生发展的课程体系，最终培养学生具备两个方面的素质——文化素质与创新素质，提高四个方面的技能——基本技能、通用技能、专业技能、综合技能。

在高校基础课程教育上，构建综合基础教育体系，所有学科专业都进行国防教育、人文教育、自然科学基础教育、德育实践等基础知识培训。不仅要构建综合实践体系，搭建公共实践平台，包括专业实验、实习、设计、毕业设计（论文）、德育实践、科技文化实践、创新实践等。还要构建学生实践能力考核体系，对学生的综合实践能力进行考核，进行"创新课程"研究，转变理论基础。创新课程所依据的理论基础由心理学扩展为社会学、经济学、文化学、政治学和生态学等更具包容性的学科领域。创新不仅包括首次创造，也包括对他人所创造出来的成果的重新认识、重新组合和设计应用。

创新课程并不是以学科的方式向学生传授一整套如何创新的知识、方法和策略，也不是以学生获取学科知识为中心，而是以综合实践的方式为学生提供相对独立的、有计划的进行研究性学习、设计性学习、体验性学习、实践性学习、反思性学习和生活性学习的学习机会，让学生从自己的现实社会生活中自主选择研究课题并通过对开放性、社会性、综合性和实践性问题的探究，形成自己独特的学习方式，培养学生的创新精神、探究能力、开放性思维、社会实践能力和社会责任感。同时，创新课程也是一种创新型理念，是指在一种课程开发与实施的过程中除了独立的综合实践课程之外，原有的所有课程科目在具体实践中都要设置一些必要的干扰性因素，并通过课程内容的复杂性、模糊性来增加课程的难度，以培养学生的探究能力。

（二）教学内容创新

遵循"厚基础、宽口径、强能力、重质量"的复合型人才培养原则，重新规划和设计教学内容与课程体系。改变过去只在专业学科范围内设置专业课、专业基础课、基础课的"三级"课程编排方式，构建专业必修、专业选修、学科必修、公共必修、公共选修五大课程体系，对教学内容与课程体系进行重新规划和设计。按照学科专业普遍大类平行设计学科专业类课程、新公共基础课程、文化素质教育课程和实践性教学课程等较大教学课程内容体系，增加选修课，减少必修课，对公共课进行分级分类教学。

"厚基础"是指使学生熟练地掌握各个学科专业的基础理论、基础知识、基本技能，并能扎实地运用到实践中去，强化学生基础知识体系，打造精品课程。进一步加强学生基础理论、基础知识、基本技能和基本方法的学习与实践，进行优秀主干课程建设和基地品牌课程建设，重点建设基础较好、适应面广的学科专业基础课、主干课和专业课，使之达到国家精品课程建设标准。

"宽口径"是指拓宽学生的专业知识面，把专业设置从对口性向适应性，实行宽口径的专业教育，提高学生的综合素质，为社会提供高素质人才。在课程体系建设上，优化课程整体结构，拓宽专业课程交叉培养，提高知识质量，加强学生文化素质教育。在公共必修课程之上可以设置学科必修课程，按照分类搭建课程平台，注重文理交叉，在课程体系中设置跨专业课程，强化专业渗透，为学生的宽口径发展搭建学科基础平台。优化学生知识结构，让学生根据自己的专业特长、兴趣爱好和发展趋向自由选择，进一步拓宽专业口径，培养学生综合素质。

"强能力、重质量"是指从培养学生全面发展、提高学生综合素质出发，以分析、模拟、教学等基本形式展开实践教学，加强课堂内外的实践教学环节，并通过组织社会实践、社团活动、专业实习等实践活动培养学生的务实能力、操作能力，注重学生的人格塑造，充分挖掘学生的潜能，注重培养学生"从一般到个别"的解决能力，着重训练学生"从个别到一般"的调查分析能力，帮助学生养成可行性分析的良好思维习惯，使培养出的学生具备强能力、高质量。

（三）注重实践教学创新

针对我国高校教育教学创新中出现的各种状况，教育部、财政部《关于实施高校教育本科教学质量与教学改革工程的意见》（2007年）中决定实施教育教学质量工程，中央财政投入大量的资金支持质量工程建设。同时,教育部也发出了《关于进一步深化本科教学改革全面提高教学质量的若干意见》(2007年),指出要重点落实实践环节,拓宽高校学生校外实习、实践渠道,与社会、行业以及企事业单位共同建设实习、实践教学基地,力求提高高校学生的实践能力。对学生进行实践教育,并多方面采取各种有效措施,确保学生专业实践和毕业实习的时间和质量,把教育教学与社会实践紧密地结合起来。

开展实践教学,要求学校通过开辟各种有效途径为学生搭建实践平台,建立一批相对稳固的课内外学生实习和实践基地,并积极组织学生进行社会实践、调研、实习等活动,逐步培养高校学生的敬业精神,培养他们艰苦奋斗的精神和坚韧不拔的意志,有计划、有目的地推动大学生自觉自愿地加强职业道德素养。逐步培养学生的实践创新能力,积极支持学生创新创业活动,致力于学生创新素质的发掘和培养。创新素质主要包括创新意识、创新精神、创新能力等三个层面的内容。在一个创新型国家的建设进程中,这种全新的创新素质正逐渐成为学生在就业市场竞争中的核心竞争力。

五、教学模式和方法创新

人才的培养是一项复杂的系统工程,必须不断探索其内在的规律,摈弃不合理的教学模式,认真细致地研究教学,探究其内在的多重因素——教学理念、教学内容、教学方法、教学模式等,从而掌握教学的规律。因此,我们提出了"教学民主"的教学观念,对传统的教学模式进行创新,开创研究性教学、开放性教学和互动性教学等一些能够体现"教学民主"的经典的教学模式,充分突出学生的主体性地位,激发学生的主动参与意识,开发学生的学习潜能,创设民主、和谐的学习氛围,指导学生学会学习,在教学中建立一种和谐的师生关系,充分调动学生学习的自发性和积极性,保证学生和谐的全面发展。

(一)推广研究性教学,培养学生的创新意识

教学从知识传递向注重能力培养的转变,必然要求教学方式方法的变革,推进研究性教学正是深化教学创新的重要路径,也是研究型大学人才培养的一个基本特征。研究性教学是一种将教师自身的研究思想、方法和最新成果引入教学过程的教学模式。通过研究性教学,使教学建立在科研基础上,使科研促进教学的提高,教学与科研互动并向学生开放,从而引导学生在参与教学的过程中步入科研前沿,激发学生主动思考、主动探索、主动实践的创新意识。

第一,研究性学习的过程是情感活动的过程。通过让学生自发地参与探究性学习活动,获得亲身体验,逐步形成一种在日常生活和学习中勇于探索、努力求知的良好习惯,从而激发其探索和创新的积极欲望。

第二,研究性学习的过程是一个探索的过程。是在一个相对开放的环境中寻找问题和探讨解决问题的过程。通过这一过程,可以培养学生的思维能力,培养学生发掘和解决问题的能力,对学生掌握一定的科学的学习方法,增强学生对资料的收集能力、分析能力、总结能力以及学会利用多种有效手段、多种途径获取信息都有积极的推动作用。

第三,研究性学习的过程是一个互动的学习过程。在这个互动的学习过程中离不开学生与团体、学生与学生之间的沟通与合作,可以说研究性学习为学生提供了一个人际沟通与合作的良好空间,为学生分享研究资料、学习信息、创意和研究成果以及发扬团队精神提供了一个很好的交流平台,培养学生学会合作、发现问题、克服困难、共同解决问题的能力。研究性学习的过程也是一个实践的过程,要求学生从实际出发,实事求是,尊重他人研究成果,严谨治学,积极进取。

第四,研究性学习的过程是一个培养学生全面素质提高的过程。通过学习实践加深了对科学的认知以及科学对自然、社会的积极意义与价值,使学生懂得思考国家、社会、人类与世界共同进步、和谐发展的伟大命题。在培养学生的创造能力和实践能力之余培养学生形成积极的人生观、价值观。研究性学习过程也为学生提供了综合运用各门学科知识的机会,加深了学生对已学知识的重新记忆,培养学生的积极参与能力以及自主创新能力。

(二)推广开放性教学,培养学生的创新能力

开放性教学是为了鼓励学生积极主动地去探究知识规律,对传统教学过程中影响学生发展的不合理因素进行创新,从而培养学生自主创新性学习能力的新型教学。开放性教学的主要思想理念在于以学生的发展为本,通过教学目标、教学方法、教学内容以及整个教学过程的开放,从传统的课堂教学走向开放式教学,充分发挥学生的主体作用,让学生自己掌握学习主动权,自己去探索、发现,培养学生的创新能力。在开放性教学中,教师不能仅仅拘泥于教材、教案的内容,要给学生提供充分发展的空间,创设有利于学生自主发展的开放式教学情境,根据学生的发展状况不断调整教学过程的每一个环节,激发学生学习的动力,促进学生在积极主动的探索过程中健康、全面、

和谐地发展。开放性教学不只是一种教学方法、教学模式，还是一种教学理念，它的根本目的是让学生的创新潜能得到充分发展，以开放的教学活动过程为路径，以最优教学效果为最终目标。

（三）开创互动性教学，提高教学质量

互动性教学是在教学过程中充分发挥师生双方的主动性，师生之间相互交流、相互探讨，促进师生共同发展，最终优化教学成果，共同完成教学目标的一种教学模式。互动性教学不仅可以活跃课堂氛围，而且能够及时反馈学生的学习进度以及掌握知识的规律。互动性教学包括教与学的互动、教学理念的互动、心理的互动以及形象和情绪的互动等。互动性教学是一种富有生命力的创造性教学，有着现代性、互动性和启发性的特点。它要求教师按教学计划组织学生系统而有目的的学习，并要求教师按学生的发展要求有针对性地因材施教。促进教师努力探索、学习，不断提高自己的专业水准和教学水平，同时激发学生学习的积极性，促进学生个性的发展，提高教学效果和效率，最终提高教学质量。互动性教学以学生为主体，以教师为主导。提倡师生平等的沟通、交流，让学生在没有压力的情况下轻松自由的学习，让学生参与教学计划、教学决策，有利于培养学生自觉学习和主动学习的能力以及创新学习的能力。

六、重视高校学生文化素质教育

学生文化素质教育是高校高质量人才培养的重要组成部分，是我国高校教育教学创新的一个重要方面，要将文化素质教育贯穿于高校教育的全过程，进而实现教育的整体优化，最终达到教书育人的目的。高校学生的基本素质包括文化素质（思想道德素质）、专业素质和身体身心素质，其中文化素质是基础。文化是人们所创造出来的物质和精神的成果，是人的活动的对象化、物化，是人观念存在的形式，是超越个人的实物形态或观念形态的。一种文化一旦被创造出来，就不再受时间、空间、个人的限制，会被广泛地传播和使用。文化素质就是人们所拥有的所有文化知识的内在的积淀，文化素质对于人们的人生观、价值观的形成具有基础性的决定作用，并最终成为行为的指导规范。同样，人们已有的人生观、价值观也会反作用于文化素质。提高学生素质教育，主要是指对学生的文化素质教育及创新精神、实践能力的培养。文化素质教育重点指人文素质教育，主要是通过对学生加强文学、历史、哲学、艺术等人文社会科学、自然科学方面的教育，以提高全体学生的文化品位、审美情趣、人文素养和科学素质。

（一）提高高校学生文化素质教育的目的和意义

国家要发展，经济是中心；经济要振兴，科技是关键；科技要进步，教育是基础。由此可见，教育在我国发展中的作用和地位是重中之重的。在发展过程中，需要主体——人，是有知识、有文化、有创造力的人，进行社会发展和变革。因此，发展最根本地又被归结为人的发展。高校教育，主要是培育有知识、有文化、创新型人才，高校教育能够产生新的科学知识、新的生产力。高校教育的三大职能之一是知识生产，高校教育在传输知识、培养人才的同时，亦创造新的科学理论。高校教育所培养的不同专业、不同层次的各种文化素质人才在社会生活各领域的作用，将直接、间接地影响全社会的可持续发展，可持续发展的教育观念即是应从全社会可持续发展的角度来审视教育的创新与发展。在高校教育中，我国已从办学体制、投资体制、管理体制、教育教学、招生就业、考试制度等方面进行了多层次的创新，逐步走上了一条可持续发展的新道路。当然这条道路并不平坦，在进行创新的过程中会有诸多的问题凸显出来，其中提高高校学生文化素质教育显得尤为重要。

（二）观念变化对高校学生文化素质的影响

我们生活的时代正处于急剧变革的社会转型时期，人们的生存方式和形态也随之发生了历史性的变化。目前，受社会上一些现象的影响，各种媒介的导向作用，使我国高校学生的价值观、文化观都发生了巨大的变化。在经济日益全球化的今天，经济的迅速发展，物质的极大丰富，也在刺激着高校校园，高校学生作为最敏感的社会群体之一，其价值观也随之不断变化。当前经济发展、教育创新与媒体导向等是影响大学生价值观变化的主要因素。

文化观是一个人对待文化的态度。我们要树立正确的文化观，不狂妄自大，不妄自菲薄。合理对待外来文化，不一概排斥，但也绝不崇洋媚外。

（三）提高高校学生文化素质的途径

提高学生文化素质教育，必须将文化素质教育贯穿于高校教育的全过程，要求培养出的学生具备人文科学素质、自然科学素质，具有较强的综合能力，如观察分析能力，研究思考能力，语言、文字表达能力，决策能力，组织能力，处理复杂关系的能力以及应用计算机和现代信息技术进行学习、工作和生活的能力，从而实现教育过程的整体优化，最终达到教书育人的目的。提高学生文化素质，必须从以下三方面做起。

第一，提高学生文化素质教育，高校必须转变教育观念，进一步加大教育教学创新力度，建立科学的课程体系，创新教学内容和教学方法。首先，转变教育思想并更新教育观念。高校要转变教育思想、更新教育观念，在教育过程中要注重对学生创新能力的培养，开发学生的潜力，让学生在受教育过程中享受到创新的乐趣，积极进取，把学生培养成为全面发展的人。其次，构建科学的课程体系，进行教学内容和课程体系创新，充分发挥以课堂教学为主体的导向作用。文化素质不能纯粹以自然的方式在现实生活中靠学生的感悟和体验来获得或提高，而是需要精心设计和安排，以科学而系统的课程体系为支撑，通过发挥课堂教学的主导作用，来实现学生文化素质教育的目的。总的来说，要全面提高高校学生的科学素质与人文素养。在具体教学过程中，应强调人文与科学的自然渗透与融合，必须包括文、史、哲、自然科学等学科门类的知识内容来构建多学科交叉的高校课程体系，为培养学生科学素质和人文素养提供广博而深厚的文化底蕴。强调课程体系的科学性，使学生通过各种必修课和选修课的学习和探索，形成合理的知识结构和深厚的知识基础。

第二，提高学生文化素质教育，高校必须提高教师队伍质量，使教师的科学素质和人文素质全面提高。蔡元培曾指出，大学为纯粹研究学问之机关，不可视为养成资格之所，亦不可视为贩卖知识之所。学者当有研究学问之兴趣，又当养成学问家之人格。"师者，所以传道授业解惑也。"[①] 教育工作者是社会主义核心价值体系的宣传者和教育者，"身教重于言教"，教育工作者要发扬严于律己、以身作则、率先垂范的优良作风，自觉自愿地做到诚信、肯学、肯干，带头实践我们所提倡的道德标准、价值观念和理论要求，真正起到教育和带动广大学生的领头作用，只有这样，才能真正提高和发挥社会主义核心价值体系中教育工作的说服力、吸引力和感染力。

第三，提高学生文化素质教育，必须创新人才培养模式，把知识、能力和素质三者有机地结合起来，贯穿于高校教育的全过程。使高校学生在这三个方面获得和谐的同步的提高，以期造就出高素质的全面发展的人才。要培养学生拥有良好的文化素质修养，不仅是传授文化知识，而且要教给他们获取知识的方法和技能，在获取知识的同时，让能力得到充分的发挥，个人素质得到充分提高，这才是教育创新的最终目的，这才是教育的真正目的。蔡元培先生曾说，教育是帮助被教育的人，给他能发展自己的能力，完成他的人格，于人类文化上尽一份的责任；不是把被教育的人，造成一种特别器具，给抱有他种目的的人去应用的。

---

① （唐）韩愈. 韩愈集全鉴 [M]. 东篱子解译. 北京：中国纺织出版社，2020.

除此之外，还需要全社会的积极配合，媒介充分发挥积极正面的舆论导向作用等，只有这样，培养出的学生才是全面发展的人，才会成为有益于社会、有益于人类的有价值的新型知识人才，才能继续推动教育创新，才能推进整个社会的可持续发展。

七、人力资源强国战略推动高校教育教学创新

实施人力资源强国战略，关键在于建设高校教育强国。进入21世纪，我国站在创新开放和加速中国特色社会主义现代化建设的高度，提出了实施人力资源强国战略的重大举措。

高校的职责是为建设高校教育强国提供强有力的人才保障和科技支撑。当前我国高校教育已经实现了跨越式的发展，成为一个高校教育大国。而要想建设成为一个人力资源强国，必须"以人为本"，从创新教育观念、突出高校办学特色、深化高校教育教学创新和完善体制等方面全面推进高校教育创新。我国高校教育人力资源开发的构想是坚持"人力资源是我国持续发展的第一资源"的战略决策，2011—2020年，高校入学率达到40%，各类高校在校生人数达到3300万人左右，这一时期高校学龄人口规模的下降，高校教育普及程度快速提高，研究生在校生人数达到200万人以上，打造若干所世界高水平大学，造就一批世界级先进学科，大幅提高国家科技的原创力，培养一大批拔尖创新人才，争取实现我国诺贝尔奖零的突破；2021—2050年，高校入学率将达到50%以上，进入高校教育普及化阶段，各级教育都达到较高发展水平，实现从追赶到超越的战略转变，跨入教育发达国家行列，成为世界高校教育人力资源强国。

第三节 高校教育教学理念创新的举措

一、树立终身教育的教学理念

终身教育、终身学习的思想是近代以来各国教育界乃至思想界的热门研究课题之一，构建终身教育体系、创建学习型社会也逐渐成为联合国以及世界各国指导教育改革和社会发展的基本理念。终身教育论者认为教育具有时空的整体持续性，即教育与学习"时时都有，处处皆在"。传统教育往往将人的一生分割为三个时期，即学习期、工作期、退

休期。终身教育则冲破传统教育的观念，认为教育应当包括人发展的各个阶段及各个方面的教育活动，既包括纵向的一个人从胎教开始直至死亡的各个不同发展阶段所受到的各级各类教育，也包括横向的从学校、家庭、社会等不同领域受到的教育。

《中华人民共和国教育法(2023年修订)》明确提出，要"建立和完善终身教育体系"。《面向21世纪教育振兴行动计划》进一步明确，"终身教育将是社会生产力发展与社会进步的共同要求"，要"基本建立起终身学习体系"。可见，终身教育、终身学习，已经成为教育和社会理想，建立和完善终身教育体系，已成为我们义不容辞的职责。因此，要树立终身教育的教学理念，将各类教育形式有机结合，合理配置，创新高校教育的教学模式。高校教育肩负起发展终身教育的重任，依据社会的发展，职业的需求搞好高校教育、岗位培训、知识更新教育和继续教育，尽可能满足社会和经济发展的各种人才的要求。

强化开放办学的指导思想。联合国教科文组织1996年发表的德洛尔报告《学习：内在的财富》中指出："如果大学能向所有希望恢复学习、接受和丰富知识或渴望满足文化生活的成年人敞开校门的话，大学就能成为人们一生中受教育的最好讲台。"世界许多国家通过开放办学使高校教育从精英教育转向大众教育，甚至普及教育。

我国高校教育由传统式教学模式转变为开放式教学模式，一方面要大力发展远程教育和网络教育，采取"宽进严出"政策，向每一个人提供接受本、专科水平的高校教育。远程教育和网络教育由于不受时间和空间限制，更加适合各类在职人员的学习需求，必将部分取代传统高校教育的函授、夜晚学校和自学考试的多种助学方式，成为21世纪高校教育发展新的生长点。另一方面要充分利用高等学院是社会主义经济建设当班人这个得天独厚的优势，与企业、社会建立更为密切的关系，把学校办成教学、科研和经济建设的联合体，提高高校教育在市场经济条件下的办学效益和造血功能，使高校教育在自身发展壮大的同时，进一步提高为社会服务的功能。此外，高校要有强烈的国际意识，推进和发展高校教育的国际交流与合作，大胆吸收和借鉴世界高校教育的成功经验，使我国的高校教育建立起一个面向社会、放眼世界、兼收并蓄、博采众长的开放体系。

二、拓展德育教学的教学模式

从职业发展理论来讲，高校教育在德育教学上的问题，将影响职场个体的职业发展精神和职业道德素养的培育。但是高校教育对象的特殊性，决定了学生德育教学的艰巨性、复杂性。一般意义上的德育教学很难达到令人满意的效果，德育教学也成为高校教育中最为薄弱的环节。因此，创新基于职业发展理论的高校教育教学模式，应当积极拓展高校教育中德育教学这一重要组件。

（一）拓展德育教学的内容结构

现代德育是以社会现代化、人的现代化为基础，以促进人的现代化为中心，进而促进社会的现代化的德育。现代德育必然要反映现代社会中人自身道德发展的要求，反映现代社会发展的要求。因此，在围绕德育内容的构成上，应该更具广泛性、现实性。职业道德是衡量一个从业者道德水平高低的重要标尺，它影响和决定人们劳动的态度和方向，成为决定劳动者素质水平的灵魂，在高校教育内容中居于核心地位。另外，德育要指导学生运用科学、先进的价值理念学会判断、学会选择、学会创造。随着科技、经济、社会的发展，人们的生活方式、价值观，包括道德观念、道德准则不断变化，原有的某些道德观念、道德规范有可能过时，不可避免地需要提出一些新的道德准则和规范。例如，在科学道德、信息道德、经济道德、网络道德、生态道德等领域特别需要具体的规范，特别需要道德的创造。因此，这也应该是德育教学的重要内容。

（二）拓展德育教学的教学形式

拓展德育教学的教学形式必须充分利用现有教学资源和条件，选取在教学中已经成形的教学方法和模式进行拓展延伸。

第一，应当充分运用课堂教学，开展德育教育。课堂教学是学生学习的主要形式。在课堂德育教学开展过程中，根据高等教育的特点，在教学计划和教学内容上要做特殊要求，教育内容应该根据市场经济的形势，适时调整德育目标。将以往的"完人道德"调整为"高等道德"教育。教育过程中要坚持先进性和普遍性相统一的原则，立足市场经济的实际，提倡"为己利他"的道德建设目标，把"利己不损人"作为道德底线，并且把健全的人格塑造放在德育工作的首位。同时，注重发挥学生的主观能动性，强化课堂师生双向互动，创造轻松、活泼的德育氛围，保证对学员开展有效的德育教育。可以聘请知名专家举办专题报告，作为特殊课堂形式，加强对学生人生观、职业道德、现代教育教学和传统文化的教育。总之，无论课堂内外，德育教育的目标和德育教育的重点应在学生健康人格的塑造上,使学生明了道德建设是人格修养不可或缺的一部分时,他们才能接受我们的教育。

第二,利用多媒体教学,强化德育教学效果。传统的授课方式无法满足现代高校教育德育教学的需要。因此,在德育教学过程中,要以鲜活生动的实例来感染学生。通过学生自主的情感判断来塑造道德榜样,唤起其对道德善行的崇敬之情,在纷繁复杂的社会现象中找到自己的道德归宿。注重现代教育技术的充分运用以及信息技术与学科资源的整合。充分利用电影、电视、教学视频等信息化、电子化、智能化的多媒体教学手段,借助于灵活多样、内涵丰富的声、光、图像等教学形式的直观冲击力,吸引学生的兴趣,使学生的认识更加深刻,产生事半功倍的理想教学效果。此外,可以利用网授以及远程教学发挥网络教学的优势,拓展德育教学空间,克服高校教育教学时空上的局限性,整合课堂教学和多媒体教学的优势,充分发挥网络资源在教育教学中的作用;借助网络实施网络教学,可以将专家、学者的精彩专题报告、德育教学录像制作成教学辅导光盘在教学辅导网站上和有条件的教学点进行播放。

这一生动、灵活、便捷的德育教学形式克服了高校教育时空上的制约,发挥了网络便捷、高效、涵盖广、辐射面大的优势,最大限度地拓展了德育教学空间,为广大学生提供了全天候德育教学服务。

(三)拓展德育教学的评价体系

基于高校教育的特殊性,学生的德育考核评价有别于其他一般的考核,具有自身的特殊性。因此,凡是列入教学计划的内容,可以通过知识考试的手段进行考核评价。对于学生的思想观念的考察,可以通过日常管理中的操行鉴定来考核评价;对于学生的行为考核主要由学生所在院系出具考核鉴定和进行跟踪问卷调查。另外,为了充分调动广大学生的积极性,鼓励他们在思想上、学习上积极进取,可以建立评优奖励制度,进行精神和物质奖励。对表现差的学生进行批评教育。通过长期的探索以及多年以来高等教学的实践,制定一系列评判原则和标准,建立以职业发展为基础的高校教育德育教学全方位评价体系。

(四)拓展德育教学的管理网络

高校教育的德育教学是一项复杂的系统工程,必须要动员主办学校、学生家庭等全方位参与,才能实施有效的组织管理。主办学校根据国家的有关规定,结合高校教育的特点，制订德育教学计划，科学、规范、可行的评价考核标准以及考核措施，如班主任配备，班级临时的党、团支部活动安排等，负责德育教学的实施和知识考核。学生居住的社区和学生所在院系承担着对学生的平时监督、检查的作用，负责平时的思想政治教育。学生所在院系具体负责学生日常行为、思想观念等方面的鉴定意见。通过三个环节的协调一致，才能形成高等德育教学的组织管理网络。

三、确立多元化的教学模式

创新基于职业发展理论的高校教育教学模式，需要以高校教育学生的职业发展需求为导向来设计多元化的教学模式，创造一种超越时空限制的弹性化学习机制。确立多元化的高校教育教学模式，必须体现高等教育的特点，以高等教育的生活、需求与问题为中心，突出能力培养与多种教学范式综合运用的教学活动与形式。新的教学模式应强调学生的思维能力和动手能力，而非只学习基础知识，强调解决问题的能力，强调培养学生面对快速变革的职业生涯和多元的价值取向所应具有的包容能力和理解能力。在课程建设目标上，要更加强调综合能力和建立在个性自由发展基础上的创新能力。在教育建设中注入科学精神和人文精神，以滋养和陶冶学员的性情，帮助其顺利走上职业发展道路。

按照教学对象的细分，我们可以把多元化的教学模式分为学生为主产生的教学模式、学生为业余产生的教学模式、学生为函授生的教学模式。对于学生为主产生的教学模式，其教学目标为系统地掌握知识、方法和技能，综合素质全面提高；其教学内容为基础理论＋专业理论＋专业技能；其教学方法与手段为课堂教学法（主）+试验实践教学法（主）+网络教学法（辅）。对于学生为业余产生的教学模式，其教学目标为较系统掌握知识要点，具备从事专业岗位的知识结构与知识适用能力；其教学内容为基础理论＋专业理论＋理论运用；其教学方法与手段为课堂教学法（主）+网络教学法（辅）。对于学生为函授生的教学模式，其教学目标为了解一定的理论知识要点与基本具备进一步的提高能力，基本具备知识要点使用能力；其教学内容为基础理论＋专业理论＋理论适用；其教学方法与手段为网络教学法（主）+课堂教学法（辅）。

在具体的实践中，确立多元化的教学目标应注意以下两点。

第一，确立多元化的教学模式应突出学生的能力培养。函授生、业余生来源于生产、服务、管理第一线，具有较强实践工作经验，但理论知识相对较缺乏，因此需要通过专业知识的学习与深化，强化理论知识与实践的结合，培养专业技术知识的综合运用能力，而产生的学习目的是适应市场变化新形势，通过学习找到较满意的工作。因此，高校教育教学模式必须体现以高等需要为中心的"突出能力培养"的目标。

第二，应提倡跨时空的教学形式。高校教育学生的工学矛盾突出，文化基础差异较大，这为教学组织和教学质量的提高增加了困难。而以网络为基础的教学手段则有效地解决了以上问题，一方面，网络教学不受时空限制，从而为学生提供了跨时空的学习环境。另一方面，网络教学作为一种教学补充，有利于基础较差者的知识补充。因此，多元教学模式必须具备"虚拟学习环境与学习社区"功能。第三，确立多元化的教学模式，应转变教育观念，改革和创新教学方法，采用适合学生心理特点和社会、技术、生活发展需要的教学方法。

四、引入校企合作的教学模式

在高校教育过程中，由于学生身份的特殊性，他们往往要兼顾学习和工作的双重压力，难以在两者之间恰当地分配时间、精力，形成较难解决的工学矛盾。另外，就职业发展理论而言，高校教育教学模式必须考虑到学生的职业发展需求是以学习专业理论和专业技能为主。为了找到学习和工作之间的平衡点，并提高学生的实践动手能力，有必要引入校企合作的双元制教学模式，以夯实学生的职业发展道路。

（一）建立校企联动机制

合作的前提是信任和需求，关键是寻求联动的结合点，否则难以形成合力。从前面的分析中我们已经清楚地意识到，校、政、企三方都有实施教育的愿望和条件，这就给创建"学校主办、企业和政府协办或督办"的共同办学联动机制铺平了道路，也为实施校政企合作人才培养模式扫清了障碍。

对于学校、政府、企业而言，发展是大家关注的焦点。因此，校、政、企联动的逻辑起点应该是发展。学校发展主要体现在人才培养上，政府（社会）、企业发展需要人才，人才就成为双方或多方联动的结合点。要让学校、政府、企业围绕人才培养走到一起，必须建立有效的联动机制，包括管理制度和运行模式。必须建立以现代信息技术为依托的网络交流平台以及信息员联络制度和信息发布制度，畅通对外宣传和信息沟通渠道。

（二）规范校企管理模式

双方或多方合作，必须以合同或协议的形式建立一种有约束力的办学关系，明确双方责任与义务，从而确保合作的有效性和规范性。同时，必须充分尊重高校教育规律和学生特点以及政府、企业的实际需求，建立以主办学校为主、政府和企业参与的教学管理制度，共同商议、决定重大事宜，合理安排各教学环节，确保教学质量，达到规范性与灵活性的完美结合。在办学实践中，我国高校实行的是项目管理，即由学校高校教育主管部门和企业、政府负责人组成项目管理组，共同研究制订培养计划、管理制度并组织实施。在具体的教学实施过程中，校、政、企各方紧密合作，及时掌握教学情况，有力地保证了人才培养质量。

（三）合理设置培养目标与教学计划

高校教育培养适应生产、建设、管理、服务第一线需要的德才兼备的应用型高级专门人才。要实现这个培养目标，关键是要制定一个以较高层次的技术应用能力为主线的培养方案，构建科学、合理的课程体系，确定学以致用的教学内容以及与学生的职业发展、从业岗位密切相关的实践教学环节。因此，必须彻底改变沿袭普通高校教育的人才培养模式，建立"学历＋技能"的学科课程与技能培训相结合的课程体系。

校、政、企合作之路还在探索之中，许多深层次问题还需我们在实践中不断地探索，如合作模型与运行机制问题、学历教育与技能培训关系问题、学生考核与评价问题等。我们必须在实践中改革创新，拓宽运作思路，主动走出校门，将高等高校教育真正办成面向社会的开放式教育，为社会各界、企事业单位提供更好的教育服务。

五、以学生为教学中心

职业发展理论的核心是职场个体的职业生涯发展，说到底是以人为中心的考虑点。因此，基于职业发展理论的高校教育教学模式的创新也应当坚持以人为中心的价值取向。"大学之道，在明明德，在亲民，在止于至善。""亲民"和"至善"从主客观方面都体现了人本思想。坚持"以人为本"，树立全面协调可持续发展理念，体现在高校教育教学中主要是坚持以学生为中心，以人的教育为出发点，以人的教育为归属。

这就意味着高校教育的教学评价必须着眼于学生的发展，着眼于社会对学生的多元化的需求，而不能局限于知识的考核。基于职业发展理论的高校教育教学模式，要体现"以学生为本"的思想，就必须要尊重学生的评教权，尊重学生对教学过程的选择权，缺少这两者，就无法做到"以学生为本"。高校教育学生在接受教育时，他们不需要被动接受一些对他们没有用的知识，而是需要搜索对自己有价值的知识。他们需要的是一种自我的选择知识和构建知识的权利。因此，创新基于职业发展理论的高等高校教育教学模式应当坚持以学生为教学中心的价值取向。

基于职业发展理论的高校教育教学模式应以学生的实践动手能力为基本的评判标准。众所周知，高校教育与普通高等教育同属高校教育的范畴，它们有共性，但毕竟是两种不同的教育形式，有着它们自身独特的个性。时至今日，仍有相当多的人以普通高校教育的观念、普通高校教育的模式、普通高校教育的标准来套用、衡量高校教育，力求在质量与规格上应与普通高校教育"同类""同质""同轨"。这在学生的就业与求职中表现得最为明显。高校出于对学生前途着想，只好在日常教学与考核上，变求同存异为全同不异，导致高校教育慢慢被普通高校教育同化。踏入职场，接手工作岗位，对于缺少高等学历文凭和高等文化教育的学生来说，扎实学习一门专业学科并培养较强的实践动手能力，才是学生在职场上安身立命之根本，并且以此作为日后职业生涯发展的基石。因此，创新基于职业发展理论的高校教育教学模式应当坚持以实践能力作为评判标准的价值取向。

第四章　高校教育教学的实践创新

第一节　高校教育教学创新——VR 课堂

一、高校 VR 课堂的教学实践

VR（Virtual Reality）在高校教育教学中的应用途径多种多样，主要应用于日常性的课堂教学、多样的实验教学课程以及数字图书馆的建设等方面。VR 的广泛应用，极大地提升了学生的学习兴趣，完善了教学环境，VR 已成为高校高效率开展工作的重要组成。

（一）高校 VR 课堂教学的应用

VR 在高校基础教学中的应用主要集中在基础的课堂教学和实验教学。

1.VR 在课堂教学中的应用

课堂教学是高校教育教学的主要方式，也是最基础的方式。当下多媒体教学已经普及，VR 能够将现实世界进行多维的信息化呈现，将其应用到课堂教学中，可以丰富教学内容，同时这种新颖的技术可以吸引学生的注意力，提高学习的积极性。比如，在学习建筑结构相关知识的时候，VR 就可以发挥自身优势，构建一个多维立体的建筑模型，教师可以根据教学需求，将虚拟的模型通过计算机进行改变，使学生有身临其境之感，加深学生对知识的认知与理解。VR 可以将枯燥的课堂转变变成生动有趣的课堂，提高课堂的教学效率。

第一，课堂教学的技能训练。技能训练一般需要对简单的工作进行反复练习，以达到熟练的程度。根据 VR 的特点，其具有显著的交互性与沉浸性，因此将其融入技能训练，将有利于学生专注地置身于虚拟环境模拟出的训练场景中，通过与虚拟场景交互来实现技能训练。如在医学领域中，学生可以通过VR模拟出的手术场景，操作完成一台手术，期间可以虚拟出手术过程中的任何一种细节，学生通过这种实践教学，不但能够进行反复练习，而且真实模拟了现实情况，同时又不存在风险。

第二，课堂教学的探索学习。VR与传统实践教学工具不同，它不存在材料的消耗和维护，可以在课后向学生开放，促进学生自主实践的兴趣，在实践过程中不断提出自己的条件假设，并对此进行模拟验证，从而培养学生通过虚拟交互系统的实践探索能力，促进学术进步。比如，对于电子与电气相关学科，学生可以在不购买、不消耗任何电子器件的基础上，在虚拟实验环境下搭建自己设计的电路，并进行可行性分析；对于环境领域学科学生，只需要在虚拟实验环境中搭建出温室效应的模型，便可以完成温室效应的影响因素分析。总之，基于VR的交互系统与高校实践教学的相结合，能够提高学生对于学科领域的学术探索精神。

2.VR在实验教学中的应用

VR在实验教学中的应用，可以发挥VR的交互性特点，实时为学生提供有效的实验数据，指明实验操作步骤，解决学生在实验中的困惑。教师在这一教学过程中，可以通过VR实现对学生的针对性指导，提高实验教学的效率。学生在虚拟教学环境下，可以通过实验数据资料的指引完成实验操作，提升自身的实验水平。

高校实验教学作为教学与生产、社会实践紧密结合的环节，既是VR的潜在重要使用者，也是VR内容的重要提供者，并可能成为VR研发的重要引领者。因此，高校实验教学应对VR发展的策略应当是：根据自身发展的实际情况，积极、主动适应新技术革命的变化，以开放适应、引领的态度和行动去面对VR对教学的影响。

第一，厚植基础，继续推动高校开展实验教学领域的虚拟仿真项目教学改革。全国高校已经建设了几百个国家级虚拟仿真实验教学中心，覆盖了大多数部属高校和一大批地方所属高校以及军队院校。省级教育行政部门也开展了省级虚拟仿真实验教学中心建设工作，建设数量约为全国层面的两倍。按照平均每个虚拟仿真实验教学中心建设几十个虚拟仿真实验项目估算，仅获得省级和全国层面认可的虚拟仿真实验教学项目就有几万余项。在现有基础上，高校应继续根据自身的教学实际需求，按照问题导向和目标导向的原则，创造性地开展虚拟仿真实验项目建设。

第二，优势共享，以搭建在线开放虚拟仿真实验项目平台为契机，助推优质资源共享。在线开放虚拟仿真实验平台建设，就目前来看，在全球范围内还没有类似的集成式平台，属于集成创新的范畴，也属于中国特色高校教育管理的优势领域；平台建设要注重顶层设计，坚持成熟一批、推出一批，确保推出的实验项目已经在学校、区域或行业内试点，并获得基本认可；坚持符合专业实践教学发展方向，对于不能很好反映教育教学规律、不能体现专业教学需求、不能适应时代发展的实验项目，不进行平台支持；坚持创新驱动，鼓励高校与行业、企业合作共建共享，推动教学形式创新、技术创新、组织模式创新等；坚持互利共赢，确保集成平台与分布站点之间保持平等互利关系，确保实验效果和网络通畅。注重科学分类，体现平台为学生服务、为高校服务的目标。可以考虑按照专业类型进行分类，如工、农、医等，也可以细化到专业类；可以按照区域进行分类，如华北、东北等，也可以细化到省份，甚至到达市级层面；可以按照技术类型进行分类，如虚拟类、仿真类、增强现实类、增强虚拟类，也可以按照实现技术，如软件类、硬件类等进行分类；可以按照实验类型进行分类，如演示性、验证性、综合性、设计性等。总之，分类的目标是为了实现多维度的快速检索，提供更为便捷的服务。要注重规范建设，为实验项目可持续发展奠定基础。在平台建设初期，要注重对外展现和使用的统一化，进一步要注意虚拟仿真技术的接口统一化，逐步实现虚拟仿真实验开发标准的统一。

第三，主动介入，以高校实验项目的使用为需求引导中国虚拟现实产业发展的方向。美国高盛集团发布的报告显示，2020年VR教育市场规模达到3亿美元，而2025年将达到7亿美元。根据以往的历史经验，信息技术对教育的投入，往往可以带动其他行业实现十倍以上的营业收入。而VR产业在我国的发展，高校实验教学领域可以从供给和需求两侧综合发力，实现高校教育与VR产业发展的深度融合，体现高校人才培养、科学研究和社会服务的综合功能。

从供给侧来看，首先，高校实验教学基于已有的虚拟仿真实验项目研究，可以为VR的发展提供技术支撑；其次，作为现代信息技术人才培养的主要基地，高校实验教学承担着培养VR研发人员的重任，可以为产业发展提供人才保障；最后，高校实验教学领域是虚拟仿真教学内容的重要提供方，也是解决VR产业应用内容初步设计和研发的主要承担者，通过将教学内容在更大范围的推广与应用，促进"VR+"相关产业的发展。

从需求侧来看，高校实验教学是"VR+教育"的具体使用方。需求决定供给，有效的需求将引导供给的方向。因此，高校实验教学改革要关注 VR 的发展，注重 VR 与人才培养的深度融合，注重理顺生产实践和社会发展的虚拟实践与真实实践的关系。

从长远发展来看，VR 的兴起、发展，将会对未来高校教育的教育教学形态产生越来越重要的影响，高校实验教学研究和改革人员要从提高人才培养质量的角度出发，对 VR 可能产生的技术革命保持高度关注，并积极介入其中，推动和引领整个高校教育教学与现代信息技术的深入融合。

3.VR 在高校实训教学中的推广

第一，前期投入成本。

尽管近几年 VR 得到了迅速的发展，但 VR 设备及其软件开发的成本还是比较高的。如果高校在实训教学中引进 VR，需要的设备数量的金额不是一个小数目，引进初期仅在设备购置这一项的投入资金是相当大的。

第二，场景的建模。

VR 设备的使用需要虚拟场景的支撑，而虚拟场景的开发离不开虚拟现实建模，所以在实训教学中，如何根据实训教学的需要建立合适的模型成为 VR 应用的重要前提。面对不同的学校、不同的专业、不同的教学目的，实训的种类繁多，应根据不同的实训内容构建不同的 VR 实训模型。

第三，统一标准，共享平台。

VR 场景的开发是一项复杂的工作，如果每一所高校都根据自己的要求来开发 VR 相关的实训教学内容或系统，从全国范围来看，会造成资源的浪费。因此，可以由政府牵头规范，制定一个统一的 VR 教学开发的标准，全国范围内的高校可以合作共同开发，并构建共享平台，这样不仅能节约教学资源，而且能节省开发时间。

第四，VR 应用在实训中的教学设计。

VR 的革新日新月异，在教学实践中为了能够让学生及时了解和掌握这些技术，能够更好地将理论联系实际，并做到与时俱进，高校在实践教学中应引入虚拟现实技术。

以物流仓储实践教学为例，具体教学课程设计如下：①实训前的理论教学。在进行实践教学之前，需要先让学生了解物流仓储系统。仓储是一个系统工程，大致分为入库、盘点、分拣、包装、出库等。先把学生分为几个组，分别对应不同的作业流程。让每个组的学生都认识一下各个流程，为实训打下理论基础。②虚拟现实教学。利用 VR，展示某仓库的布局及其设施，通过预先的设计，学生可以通过触摸按钮，对某一设备进行更具体的观察和认识,并进行比较。每一个设备都会配有对应的说明以及注意事项,从而让学生对仓储有大致的直观认识。③安全教育。虽说是虚拟现实环境,但也要按现实生活可能遇到的非安全因素,对学生进行相关的安全教育,利用VR先让学生身临其境地观看易出现状况的环节和出现状况后正确的应急处理方式。这样才能在学生遇到实际情况时,知道该如何处置。④实操训练。按之前分好的组别,模拟某电商仓库的日常运营(训练主题不仅限于此),在进行模拟实训过程中,对学生出现的违规操作以及不安全的操作,可以在操作的界面引入警报系统。当出现这些操作时,界面就会出现红色闪烁报警,提醒学生出现错误,并会扣掉相应的分数,同时也会设有加分环节,来表扬那些操作得当和娴熟的学生。⑤实训总结。在模拟实训结束后,系统会根据每位学生在实训过程中的表现,进行评比打分,并打印出实训成绩单,包括最终的分数和扣分的原因。实训结束后,学生要根据成绩单和实践训练填写实训报告,交给指导教师,并由教师给予指导建议。

(二)VR在高校数字图书馆中的应用

图书馆是高校学生重要的综合性学习场所,图书馆的数字化建设是符合现代化知识教学要求的。高校数字图书馆信息技术的引入,便利了学生的借阅,在一定程度上改善了学生缺乏阅读兴趣的问题,但是初步的信息化并未将图书馆在高校教育教学中的主体地位凸显出来。VR在高校图书馆的应用,则可以有效地提升学生在图书馆学习知识的意识。VR可以将图书馆内的资源进行全面、立体、真实地呈现,为学生提供丰富全面的参考资料,提高学生阅读学习的主动性。

二、AR/VR对高校教育教学模式的改革创新

(一)AR/VR对高校教育教学模式改革创新的影响

AR通过计算机技术将模拟的信息叠加到真实世界,真实的环境和虚拟的物体实时融合到同一个画面中。

AR允许用户看到真实世界以及融合于真实世界之中的虚拟对象,因此增强现实是"增强"了现实中的体验,而不是"替代"现实。

AR/VR对于促进教育发展,增强学生的注意力和学习兴趣具有明显优势;通过师生双向的交互,提高学生学习的沉浸感和想象力,使学习的深度、广度有所增加;在

教学情景创设、学习模式创新方面、AR/VR 创设探究与体验情境，学生由被动学习变为自主学习、体验学习、探究式学习，显著提高了学习效果。

高校教育教学模式的改革一直与信息技术息息相关，从传统的课堂教学手段到图文教学，再到多媒体教学，以 AR/VR 为代表的可视化技术教学，必将对教育影响深远，已经成为教学发展和改革的新方向。

(二)AR/VR 对高校课堂教学模式改革与创新的内容

教学模式是指，在一定教学思想或教学理论指导下，建立起来的较为稳定的教学活动结构框架和活动程序。教学模式的框架结构一般包括教学思想或教学理论、教学目标、操作程序、师生角色、教学策略和教学评价等因素。不同的教学理论、教学目标、师生角色等都会形成不同的教学模式。作为结构框架，突出了教学模式从宏观上把握教学活动整体及各要素之间内部的关系和功能；作为活动程序则突出了教学模式的有序性和可操作性。AR/VR 在教学中的应用会对教学目标、师生角色、教学策略、教学评价等因素产生一定程度的影响，增强学生的主观能动性和创新能力培养，对高校学生的学习兴趣具有提升作用，从而提升高校课堂的教学效果。

1. 重构教育教学理念

传统教学理念是教师教、学生学，一般的过程是教师先教授理论知识，学生再到实际环境中体验和应用。AR/VR 具有沉浸性、构想性和交互性，使得学生的学习具备了情境认知特性。情境认知理论认为，大多数知识都是人的活动与情境互动的产物。如果能为学生提供接近于真实的学习环境或仿真情境，对提高学生学习热情与对所学知识的理解掌握大有益处。AR/VR 教育思维不是告诉学生什么叫知识，而是让学生自己尝试直接体验知识，从学习知识到体验知识是一种学习方式的转变。在 AR/VR 下的教学中，学生通过虚实结合，与场景互动，变被动学习为主动探索学习，改变了教学思维和形式。

2. 改变教学目标

在传统教学中，教学的主要目标是教师教授学生知识。而 AR/VR 模式下的教学可以通过学生的互动操作、师生互动等方式促进学生主动参与和自主学习，其主要目标是通过体验式学习提升学生的学习兴趣以及加深学生对知识的理解，提升课堂教学效果。

3. 操作程序的改变

每一种教学模式都有着其对应的操作程序和逻辑步骤，即围绕课堂师生先做什么，后做什么。在传统课堂中，操作程序更多的是针对教师来说的，是教师如何安排组织课程的讲授、测评等过程。AR/VR 模式课堂教学中，互动教学环节会增强，有时候课堂必须要学生互动参与才能完成教学任务，课堂测试等环节的运行形式也与传统课堂有较大变化，整个课堂的教学程序发生了改变。

4. 师生角色转变

传统教学的普遍形式是教师在讲台上讲，学生在下面听，课堂总是以教师为中心，这种形式导致学生没有自我性，认为课堂跟自己无关，通常在课堂上做自己的事，听课效果不好。AR/VR 模式下教师可以针对不同的学生设计不同教学内容，提出不同的要求，往往要求学生互动完成，这样的课堂更多的是围绕学生来开展，以学生为课堂的主角，教师作为引导者，这种师生角色的转变可以增强学生课堂学习的积极参与性。

5. 教学策略的变化

教学策略是指在教学过程中，为完成特定的目标，依据教学的主客观条件，特别是学生的实际，对所选用的教学顺序、教学活动程序、教学组织形式、教学方法和教学媒体等的总体考虑。在 AR/VR 支持下，教学活动不再是以教师的教为主，更多的是围绕着学生的学展开，教学的组织形式和教学方法也会发生改变。

6. 教学评价方式的改变

在传统课堂中，一个教师对多个学生，教师对于学生的课堂评价比较难以实施，特别是个体学生的评价。在 AR/VR 教学环境下，教师可以通过学生的交互活动，由 AR/VR 教学系统自动实现对学生的个体评价。如在叉车结构知识点的学习中，可以设置一个叉车结构的测试题，让学生自己动手选择，系统自动判断正误，实现对学生知识掌握情况的测试。此测试可以同时对所有学生进行，解决了传统课堂教师提问学生受时间限制的问题。

教学评价是双向的，除了教师考评学生，学生也可以及时反馈教师的教学效果，以便教师清楚地了解学生对知识的掌握情况，在后续的讲解中有所侧重，从而提升课堂教学效果。

第二节 高校教育教学创新——慕课

一、高校基于慕课的新型教学模式探索

当前,基于慕课(MOCC)的教学模式日益渗透我国高校教育的课堂,慕课的教学理念也推动着我国高校教育人才培养方式的转变。"慕课来潮"对高校培养人才和实现内涵式发展是一个难得的机遇。对此,慕课有哪些优势,是否适用于高校的教学,高校如何构建基于慕课的新型教学模式,值得深入探讨。

相对于传统课堂教学模式和一般的网络课程,慕课主要具有以下两个方面的优势。

(一)慕课给我们带来广泛的、优质的、模态化的教育资源

现开设的慕课突破了国际和校际壁垒,并不局限于传统的学科,而更注重课程的综合性、实用性和普适性,既有涉及国际前沿的理论课程,如"博弈论",又有应用型和通识类的课程,如"英文写作""食物、营养与健康"等。

在慕课中,教师讲解环节主要通过视频实现。慕课的授课视频一般经过师资团队反复研究制作而成,大部分视频的主讲是名校名师,专业师资团队对专业知识的讲解一般比单个教师课堂讲授的质量要高。慕课课程的设计能够突出每门课程的特色,课程教学内容主要以模块的形式呈现。通过约10分钟的微视频把知识体系分解为单元模块,突出知识要点,有利于学生集中注意力和利用碎片化时间学习和理解。

(二)慕课体现了以学生为中心的教育理念和教学模式

1. 慕课能够兼顾学生学习能力个性化的要求

传统课堂主要以教师为中心,教师按照一个版本,面向学生群体统一授课,这难以照顾不同学生个体的能力差异。在慕课中,学生可根据自己的学习能力自主选择课程内容和难度等级,自主调节学习进度,如果遇到难点或外文课程的语言障碍,可以回播教学视频继续学习。这种个性化的学习方式有利于增强学生的学习效果。

2. 慕课能够满足学生学习方式多样化的需求

在慕课平台注册的学生可通过多个社交网站、论坛,运用多种社交媒体与教师、

同学讨论和交流,形成师生互动和生生互动,共同解决学习问题。学生在慕课平台中可通过授课视频内嵌测试、在线测试、线下作业等方式加强训练;可利用在线教材注释、在线虚拟实验室、可视化游戏等软件辅助工具做课程笔记和模拟实验;可借助教师评价、同学评价、自我评价所构成的多元化评价方式审视自身的学习效果和不足,以便总结提高。

3.慕课让学生在学习时间和地点选择上更具有灵活性

在传统课堂中,学生修读课程需在规定时间到指定课室听课或做实验。而慕课课程在时间安排上相对灵活,也没有固定的地点。学生可以自我计划和管理学习时间,主动营造良好的学习环境。

二、慕课的适用性

慕课的到来为我国高校教育人才培养模式的改革提供了一个很好的机遇,但我国高校在把慕课运用到教学实践中需要考虑慕课的适用性,因地制宜,针对不同高校、不同类型学科课程采取不同的实践模式和应用策略。

(一)不同类型高校可采取不同的应用慕课的策略

对于国内一些综合性研究型高校,在利用国际慕课资源的同时,可开发一系列品牌课程参与到国际慕课平台之中。对普通本科院校和职业院校而言,其策略以吸收、引进和利用国内外慕课资源为主,利用慕课资源实现内嵌式教学课堂以提高教学质量;再根据高校自身的学科优势选择性地开发一些特色专业类或技能型的慕课课程,参与到全球慕课平台中去。

(二)慕课对不同学科课程的适用性不同

慕课在技术和制度设计上尚不成熟,高校教育不同学科课程有不同的知识结构体系和不同的思维能力要求,因此慕课对一些学科在教学过程中的应用有一定的限制性,并非适合所有学科课程的教学。慕课的学科课程适用性具体表现在:一是慕课本质上属于网络课程的范畴,对于理论课程的教学,可以借助慕课实现优质教育资源的共享,优化教学设计,提高教育质量。但对于实践课程,慕课的实用性并不强。实践课程更多地需要学生现场做实验、实地调研等才能有效培养学生的操作技能和实践能力,而慕课难以实现实地操作和现场体验。即使有些慕课课程试图用虚拟实验室来模仿实验,学生也不能获得如化学实验所释放气味的真实感受。二是慕课更多地应用于以结构化知识传授为主的程序化的学科课程，对于高阶数理推导和逻辑思维训练的学科课程的适用性较小。三是目前慕课的授课语言以英语为主，少数课程配有中文翻译字幕，这对于外语类课程和双语教学的课程而言，是十分合适的教学资源，学生通过慕课既可学习地道的外语，又可汲取专业知识。而对于其他课程，慕课的大范围应用还有赖于中文慕课的开发。

三、高校慕课应用教学模式的构建

慕课具有优质的教育资源和先进教育理念的优势，而实体课堂又弥补了慕课难以督促学生、无法面对面交流和开展实践活动等不足。因此，将慕课与实体课堂相结合才是有效应用慕课推动教学模式创新的可行途径。对于高校而言，慕课与实体课堂结合的主要形式是将慕课作为课程主体内容，构建翻转课堂；或是将慕课作为课程的强化与补充，形成混合式学习。所谓翻转课堂（Flipped Classroom）是把传统课堂的"先教后学"模式翻转为"先学后教"的新型教学模式。在上课前，学生独立完成对教学视频等教学资源的学习；在课堂上，学生在教师指引下进行作业答疑、协作探究和互动交流等活动。混合式学习（Blended Learning）在形式上是在线学习与面对面学习的混合，在内容上涵盖多种教学理论的混合、教学资源的混合、教学环境的混合和教学方式的混合。当前促进高校课程教学改革的一种有效路径是突出资源整合和教学互动，充分利用慕课课程资源，将慕课与实体课堂相结合，建立基于慕课的翻转课堂和混合式学习。具体而言，高校可着力构建"课前设计、慕课学习、课堂互动、实践拓展"四位一体的慕课应用教学模式。

（一）课前设计

在课前设计阶段，由任课教师事先设计课程的体系结构、筛选合适的慕课资源、制作教学视频、提供预习资料，给学生在之后的慕课学习和课堂互动阶段提供导航。课前设计是慕课应用教学模式必不可少的阶段。由于慕课平台所提供的课程并没有严格的课程体系结构，教师在开课之前告知学生关于课程的体系结构和相关的基础知识，可让学生对课程有一个整体把握，避免学习后形成"知识碎片"。由于慕课的课程比较多，而学生对课程的甄别能力有限，且不同学生的能力层次和学习需求存在较大差异，教师在课前设计中筛选合适的慕课课程推荐给学生学习，并为学生设计不同的学习路径以供选择，可帮助学生选择适合自身学习能力和学习需求的优质慕课课程。

（二）慕课学习

在慕课学习阶段中，学生根据教师课前布置的学习资料，自行观看必修模块的慕课教学视频和选择性地学习选修模块的慕课教学资料，并完成相应的作业，以便对课程新知识有一定的了解，找出疑难之处。该阶段的学习一般在课外完成，学生可根据个人情况适时调整对教学视频学习的进度，遇到授课语言障碍或知识难点，可反复播放视频或查阅相关学习资料，以便加深理解。在慕课学习阶段，学生可以自控式地深度学习，获得个性化的学习体验，完成"知识传递"的过程，该阶段的"先学"是实现下一个阶段课堂互动"后教"的基础。

（三）课堂互动

课堂互动是基于慕课的翻转课堂教学模式的核心，是真正实现"以学生为中心"的课堂组织过程。在课堂互动阶段，学生在教师的引导下，进行作业答疑、小组讨论、协作探究等学习交流活动。学生的学习过程一般由知识传递与吸收内化两个阶段组成，在慕课学习阶段学生完成了知识传递的过程，而在课堂互动阶段的主要任务是促进知识的吸收内化。如对于经管类课程，知识的吸收内化侧重通过问题讨论和案例分析等方式促进知识的综合应用；对于外语类课程，则侧重语言的"输出"练习；对于理工类课程，吸收内化主要是通过实验和方案设计等方式验证原理并在实践中运用。

课堂互动的主要活动包括作业答疑、小组讨论与展示、反馈评价等。在作业答疑中，教师首先根据课程大纲内容，针对学生观看慕课视频和课前预习中提出的疑问，总结出有代表性的、有探究价值的问题；然后教师在课堂上给予学生答题思路和方法指引，由学生独立或师生共同完成作业的解答，并在作业解答和知识点梳理中达到化零为整、知识融通的教学效果。在小组讨论与展示中，学生组成小组，根据教师设置的问题、案例、场景等，开展小组讨论，通过辩论、案例分析等方式探究问题，并通过团队报告、小型比赛等形式展示小组学习的成果。这种协作学习的方式能够增进学生间的合作，提升关联体验，弥补线上慕课学习缺乏情感交流和社会关联的短板，增强学生的学习效果。对于反馈评价，在课堂互动阶段，需要通过教师点评、生生互评、学生自评等方式，对学生之前是否自觉完成慕课学习、是否掌握基本知识要点、是否积极参与小组讨论、团队成果展示水平如何等进行多维度的评价，以便达到"以学定评""以评促学"的效果。

（四）实践拓展

高校实施慕课的翻转课堂和混合式学习模式的最终落脚点是学以致用，培养应用型人才。课前设计、慕课学习、课堂互动和评价考试并非课程构成的全部，实践拓展也是该教学模式下课程教学的重要一环，是课堂教学的延续。实践拓展阶段以成果分享、技能竞赛和社会实践为着力点。由学生团队根据自身对课程内容的理解和学习感悟制作成视频等形式的作品，上传至网络平台，与同学分享课程学习的成果，通过学生对知识的再创造，加深其对新知识的理解。师生根据课程内容共同开展相应主题的竞赛、调研、实验等实践活动，并给予计算相应课程的学分和学时，以达到训练学生的应用技能和提高其创新能力的教学目的。对于经管类课程，可采取企业调研、社会调查、沙盘演练等。对于外语类课程，可开展英语演讲比赛、英语情景剧比赛、担任兼职翻译等。对于理工类课程，可让学生参与新实验开发、新产品设计、小发明制作等进行实践拓展。

总之，慕课的引入一方面提供实用性较强、覆盖面较广的教育资源，更大程度地满足高校培养应用型人才的需要，也弥补了高校优质教育资源缺乏的短板；另一方面慕课的引入带来先进的教育理念，这种教育理念强调"以学生为中心"，注重学生学习能力的培养。

在这种教育理念引导下，构建慕课的新型教学模式，是推动高校教育教学改革和实现应用型人才培养目标的有力举措。

四、高校慕课教学的改革

随着慕课的快速推进，给高校的课堂教学改革带来了新的机遇和挑战。这就要求高校管理者要搭建更高效的资源共享平台来促进课堂教学。教师需要重建课堂教学理念，确立新的教学目标，重新组织课堂教学过程并更加注重过程化、多元化的考核方式。与此同时，教师要做好由统一化培养到个性化培养的转变，由课堂教学到多平台教学的转变，由单向教学到多向互动的转变，由人工教学管理方式向智能化教学管理方式转变。

（一）搭建有效平台，促进资源共享

慕课是与现代教学技术紧密结合的产物，慕课下的课堂教学改革需要凭借平台来运作。目前，慕课运作平台主要有公共的开放平台和校内网络教学平台，搭建好这两个平台有助于教学资源的整合，有助于课堂教学改革的顺利推进。

1. 搭建慕课联盟平台

对于高校教育发展来讲，建立高效、共享、优质的教学资源合作机制，开展慕课建设、推动课堂教学，将有助于提升高校教育整体发展水平。在搭建慕课联盟平台的过程中，要改变过去的教育观念；达成推动共建共享慕课机制这一工作共识；制定参与慕课共建共享有关规章，形成和构建相应的共建共享机制。

（1）铺垫平台基础

首先是政策基础。政府需要在政策上给慕课资源共享提供保障，特别是制定学分互认政策，协调学分互认关系，并确定慕课在教学中应用的比例。其次是技术基础。各高校慕课建设应执行国家相应标准，实现平台的交互操作，建设的慕课能够在不同高校的平台上顺利运行。最后是教学基础。教学的基本内容和基本要求应达到一定程度的规范和统一，为学分认证奠定基础。

（2）丰富平台资源

首先，盘活现有资源。各高校现有的精品课程、精品开放课程、资源共享课程、课堂教学设计与创新课程、双语教学课程等课程建设项目，前期进行了大量的投入和建设。这些项目虽然已经完成了阶段性使命，但仍有开发利用的巨大空间，根据慕课建设要求和技术标准对以上相关课程进行改造，充实到平台中去。其次，引进优质资源。目前很多慕课平台提供了大量优质慕课资源，在尊重知识产权的基础上，通过协议等形式把这些资源课程嫁接到高校慕课平台上去，使学生通过一次身份认证便可学习到更多慕课平台上的课程。最后，自主开发资源。鼓励高校自主开发慕课。尤其是在平台运行初期，对高校中的选修课、公共课等共性较多的课程加大扶持开发力度，为高校校际慕课学分互认积累经验。

（3）提供平台保障

首先，处理好"权""利"关系。在平台上运行的慕课存在着知识产权和利益分配等相关问题。这就需要签署《联盟高校慕课学分认证协议》《联盟高校慕课学分收费协议》等相关协议,以及制定《联盟高校慕课制作规范》等相关制度。平衡好教师、学生、学校和平台提供者之间的"权""利"关系,以保障慕课资源共享机制长效运转。其次,成立慕课评估组织。政府可以委托某一高校牵头成立慕课评估机构,对纳入平台的课程,组织各方面专家进行评估。尤其是教学大纲、课程目标、授课内容以及对学生应掌握的知识、技能以及应达到的水平进行信誉等级评定,为课程学分认证提供参考。最后,建立协调机制。政府是协调慕课商业化的有效保障,在校企合作过程中发挥着助推作用,能够敏锐地把握慕课在企业、高校之间的关系。所以,政府应该对慕课平台进行统筹管理。

2.加强校内网络教学平台建设

在国家和各级政府的财政支持下,国内大部分高校都建立了网络教学平台。但从目前运行来看,需要加强以下三个方面的建设。

(1)加快网络教学平台数字化对接

高校内的图书馆信息系统、财务缴费平台、教务管理系统、毕业设计平台、网络教学平台等与教学密切相关的系统(平台)分属于不同的管理部门,不同的公司开发与维护,技术参数标准不尽统一,造成师生身份认证重复操作,为教学和管理带来诸多不便。校内网络教学平台应及时和校园数字化平台对接,共享相关数据信息,使教师上课、学生学习以及其他信息查询都可以在一个身份认证下完成。

(2)加快网络教学平台的运用

首先,加强宣传。通过多途径宣传网络平台的优势,发放平台使用手册,并有针对性地开展培训工作,让更多的学生知道并使用平台。其次,出台使用网络平台相关鼓励政策。教师在网络平台上开放慕课或进行相关的课堂改革,耗时耗力,对技术要求高,学校应给予一定的资助或奖励。最后,给学生提供便利的网络学习条件。实现校园网无线网络全覆盖、便捷的活动桌椅讨论教室、快速的机房上网服务等。

(3)加强网络教学平台管理

一个合格的网络教学平台需要一套系统的管理模式,才能保证平台的平稳运行。首先,制定和完善相关管理制度。学校要出台《网络教学平台管理办法》等相关制度并及时更新制度内容。其次,及时更新课程资源。及时了解网络技术与课程资源的发展动态,实时引入和更新网络课程资源。再次,做好网络教学平台管理服务工作。做好平台设备的日常维护、使用管理，及时排查故障，确保平台始终处于正常工作状态。最后，做好网络信息安全工作。严格执行课程准入制度，定期巡查入库课程内容，防止无关信息的渗入与传播。

（二）强化过程评价，注重实际效果

传统的课堂教学改革多以公开发表论文、提交研究报告作为改革的成果来呈现。慕课背景下的课程教学改革应建立过程性、多元化的评价标准，着重考核实际课堂教学效果，这就需要采用新的策略来重建课堂教学。

1. 重建课堂理念

传统的课堂教学教师处于主导地位，控制着教学进度，课堂教学内容中的重点、难点均由教师来掌控，学生是被动接受知识的客体。而慕课的翻转课堂，教学的重心由原来教师的"教"转移到了学生的"学"上，部分内容由学生通过慕课微视频来实现，教学中的重点是在教学情境中生成的，教师的工作重心在于课堂教学设计和辅助教学。在教学理念上发生了根本性的转变。

2. 重建课堂教学目标

传统的课堂教学主要在课堂上把基础知识和基本技能传授给学生。而慕课背景下的翻转课堂使教学目标重建成为可能。学生可以利用课下时间通过微视频来完成基本知识的呈现、讲述与传授，课堂则成为师生探究、问题解决、协助创新的场所。学生可以不受时间的限制来掌握基础知识和技能，通过学生自主学习，掌握学习过程中的重点和难点。在课堂中，学生带着自己的问题与教师探讨、交流，从而获得新的知识建构。

3. 重建课堂教学实施过程

慕课背景下的课堂教学由于教学目标发生了变化，所以教师需要重新组织和安排教学。在教学实施过程中主要包括课前自学、课中内化讨论、课后深化三个阶段。学生通过课前观看教师拍摄的视频完成初步知识、技能的接受和理解；通过解答教师预设的问题来检验学习过程中遇到的问题或不足；通过网络交互平台和同学、教师讨论学习中遇到的问题，将仍然解决不了的问题记录下来并带到课堂教学中去。在课堂中，教师搜集学生提出的问题，通过讨论、讲解等给予现场解答。期间，教师给学生提出具体的实践活动任务，由学生自主探究或协助学习。在课后深化阶段，教师根据学生对知识的掌握情况，提出一些拓展性的实践任务，给学生提供在真实情景中解决问题的锻炼机会，同时辅以反思、活动，促使学生课后自主探究与反思，促进知识、技能的进一步内化、拓展与升华。

4.重建课堂教学评价模式

慕课背景下的课堂教学，在教学模式和教学方式上较传统授课模式有很大的区别，更注重过程化考核和多元评价。这就需要教师在教学进程中分阶段对学生进行考核，考查学生对已学内容的掌握情况、学习能力、初步运用知识分析问题和解决问题能力。教师可以针对不同的课程性质和特点，选择平时作业、阶段测试、期中考试、研讨交流、答辩、调查报告、读书笔记、项目设计、实践操作、专业技能测试、课程论文、学生互评等灵活多样的考核形式，或采用方法的部分组合。慕课下的课堂教学，需要教师以全新的视角来审视教学，重视过程化考核，注重学生实际的学习成效。

（三）发挥慕课优势，助力课堂教学

教师要熟记慕课开发及管理相关知识，指导学生学习方式的转变，调整课堂教学知识结构，利用好慕课资源。重点在于教师如何更好地促进课堂讲授与学生慕课学习相结合，线下辅导与线上辅导相结合，自主开发的慕课与其他慕课资源相结合等问题。为此，教师需要做好以下四个转变。

1.由统一化培养到个性化培养的转变

慕课体现了以"学"为本的教育价值取向，重视激发学生主动学习的积极性，强调学生自主学习。班级授课制下预设的假设是所有的学生有相同的基础，培养出具有该课程基本知识和技能的学生，可以说是统一化培养。而慕课则更注重学生个性化的学习需求，侧重差异化和个性化培养。

2.由课堂教学到多平台教学的转变

传统的课程教学往往局限于课堂时间内，虽然也要求学生课前预习、课后深化，但缺少检验、交流的平台。而慕课给传统课堂带来了转机，教师可以利用现有的慕课课程资源平台，打破课堂时间限制，形成实体课堂和虚拟线上的合理衔接，由单一的课堂教学转变为丰富的多平台教学。与此同时，教师可以有效利用其他网络资源，如微信、微博、QQ空间等交流平台，来补充慕课资源的不足。

3. 由单向教学到多向互动教学的转变

线上平台的开放，无疑延伸了课堂教学的时间，形成了师生、生生、个人和小组、小组与小组等多向互动的局面。尤其是在翻转课堂中，教师的角色发生了重大变化，传统课堂中的基本知识在翻转课堂中教师不再讲授，而由学生课下线上学习。教师的角色由原来的"教学"变为了"导学"，授课方式也由原来的单向教学到多向互动教学转变。

4. 由人工教学管理方式向智能化教学管理方式的转变

运用慕课技术实现由有纸化向无纸化转变、由有人化向少人化或智能化转变。传统的教学资料中的教材、作业等多以纸质的形式呈现，而慕课下的课堂教学更多采用的是电子资料、视频材料、电子书、电子作业、帖子等，甚至考试也在线上进行。这就要求教师适应无纸化现代教学的需求，更新教学技能，利用好线上资源，做好数据统计与分析。

（四）把握慕课发展趋势

1. 政府引导，把握慕课发展的大趋势

（1）慕课类型的发展趋势

从目前来看，慕课主要有两种形式：C 慕课和 X 慕课。C 慕课，"C"代表"连通主义"（Connectivism），认为知识的本质是"网络化的联结"。强调知识的获取"去中心化"以及知识的创造与生成；强调的是同伴学习，其运行于开放资源学习平台。现阶段的几大慕课供应商所提供的课程来说则属于 X 慕课，基本上还是传统的课程，即以教师课堂教学为主，只是通过现代的技术方式表达出来。由于 X 慕课简单易行、熟悉亲切，和传统教学模式相近，加上运营商不惜成本大力推荐名校、名师、名课堂，目前发展比较迅猛。而随着先进的网络技术被不断用于高校教育，人们更重视"人"在慕课中的作用（而不仅仅是技术在慕课中的作用），从而将会把 C 慕课推向新的高度。

（2）慕课建设的发展趋势

从目前慕课开发的主体来看，主要有运营商、高校个体和高校联盟。运营商虽然有较大的资本投入，不遗余力地进行广告推广、技术更新，但必须依靠高校优质的师资进行"原创"；高校虽然有雄厚的智力资源，但往往缺乏资金的投入和技术的指导。鉴于此，就诞生了"校企合作"式的慕课开发和"校校抱团"式慕课联盟。从发展趋

势来看，这两种慕课开放模式都有很强的生命力。但需要注意的是"校企合作"式的慕课开放模式，高校要重视知识产权保护以及正确处理合作开放中的角色。在"校校抱团"式慕课联盟中，要处理好高校间的权利和义务关系，遵循互通有无、优质共享、凸显特色的原则。

2.符合校情，稳步推进课堂教学改革

不同的高校有不同的教育使命，要量力而行。一是分类推进慕课建设。通识类选修课以及部分专业选修课可以通过慕课形式来完成，或尝试翻转课堂等教学方法，但专业核心课程要慎重推行。对于一些简单的知识点应鼓励学生通过慕课来学习。未来的课堂教学应更多体现知识的探索和师生的互动。二是引进与本土化慕课建设相结合。一方面高校要引进一些名校、名家的慕课资源；另一方面要立足区域联盟开发一些本土化慕课，凸显本校的办学特色。三是借鉴慕课优势，激活现有课堂教学。在普通的课堂中增添一些慕课环节，利用现代化的即时通信工具增强师生互动，把"静"的课堂教学变"动"。

3.与时俱进，提升教学管理服务水平

传统行政化教学管理要向信息化学习与课程服务体系转变。努力为学生提供最优质的课程和个性化学习服务，为教师提供全方位的课堂教学支持服务。一方面，教学管理部分要充分利用大数据资源为教师提供个体化的学情信息，揭示在传统教育的经验模式中无法检测出来的趋势与模式，以便于教师洞察学生是如何学习的，学生理解了什么，没有理解什么，是什么原因导致学生获得成功等关键问题，从而使教师能够卓有成效地开展因材施教；另一方面，充分利用现代信息技术，通过各种学习终端向学生推送选课、空余教室、作业、讨论、考试及相关教学信息，为学生提供快速、简单、直接的各种学习服务，让学生更高效地进行学习。

4.着重引导，培养学生的自主学习能力

虽然慕课落实了学生的中心地位，拓展了学生的学习方式的时间界限，创设了沉浸式、社交化的学习环境，但慕课自由化的学习方式，对学生自主性和自我约束力以及学习过程的可持续性提出了更高的要求。与此同时，海量的信息来源和知识资源，也容易使得学生无所适从。因此，高校必须着力引导学生培养自主学习的能力。

五、利用信息技术促进高校慕课教学

慕课的广泛推广离不开信息技术的运用。慕课时代，对高校教师也提出了更高的要求，高校教师需要充分利用信息技术促进慕课教学。对利用信息技术促进高校教育教学的途径提出相应对策如下。

（一）教师个人制作动画、电子手写板书等新型慕课资源

慕课资源如果完全靠院校管理者提供经费请专人制作，则平台的更新和有效应用将得不到保障。技术和教学的关系应如何应对早已是人们探讨的话题，手写板书反映了教师的思维，对学生也有更深层的教学效果，将信息化技术的应用深入教学的精髓。此外，动画、电子手写板书完成的慕课资源在同等清晰度下能比课堂实录压缩得更小，有利于在线学习。

（二）将移动学习应用于开放课程资源的应用

目前，青年学生使用大屏幕手机浏览网络资源已经非常普遍，慕课资源如果不能在移动网络上方便点击观看就失去了生命力。因此，开发时间短、容量小的片段式慕课视频，并适用于手机平台浏览是目前最紧迫的工作，除了传统的网络课程，微信课程等新生事物也能应用于学生的在线学习。

（三）在试点专业进行慕课的研究

慕课是否适用于所有课程还需要研究，可以首先把部分专业开展自主学习、自我发展教学形式作为研究案例，从采用形式、条件、培养目标、管理形式、评价标准等方面做重点分析，以指导提升学生创新能力为目标进行开放式教育资源的应用。以国际商贸和模具类专业试点课程学习方法的转型为例，由于国际商贸系所面向的就业范围广泛、模具类学生毕业后转行的比例相对较高，为使专业培养适应工作岗位的条件，根据现在师资条件难以让每个学生得到全面发展机会的现实，每个专业方向通过专业教师管理引导并实施考核，学生自主选择慕课资源进行自主学习。根据部分高质量国外教学资源，访问速度不能保证以及语言障碍等问题，学校应帮助解决，搭建良好的自主学习平台，提升学生创新综合能力。试点专业可采用贯穿学程的学分制、专业选修课体系，提供教师自由安排学习模式的可能性。

（四）教师要正确认识教育技术对自身教学的重要性

在慕课大潮的冲击下，随着现代教育技术化程度的不断提高，高校教师只有及时将最新的教育技术纳入自身的专业知识体系中，才能胜任新形势下的教学工作，专业化发展道路才会通畅，以慕课为代表的新技术应用并不只是专业教育技术人员的工作，而是和广大教师息息相关的。

六、慕课资源在高校的利用

嵌入学科服务强调以"为用户"为出发点，将学科信息资源与信息服务融入用户实体空间或虚拟空间，构建一个满足用户个性化信息需求的信息保障环境。结合图书馆的实体空间将慕课嵌入学科服务进行介绍。

（一）实体信息共享空间

如今图书馆的实体信息共享空间发展迅速，包括了各种形式的信息环境，例如咨询空间、研讨室、学术报告厅、开放交流空间等，有的图书馆还以学科分馆为基础，按学科和专业对图书馆的空间和资源进行整合，为学生提供了更为便利的学科环境。慕课除了视频之外，还有非常重要的交互部分，师生之间、生生之间的交流，可以借助图书馆的信息共享空间实现面对面的交互，如授课教师与学生之间大规模的异地实时视频讨论，可以在图书馆的学术报告厅进行，课后某一慕课学科学习小组的成员可以借用研讨室进行学习交流。利用信息共享空间，可以支持用户顺利开展慕课线下学习活动，同时学科馆员也可以和学生一起进入空间，提供咨询服务，可以依据课程内容提供纸本、电子的参考资源列表以及网络开放获取资源的信息，对学生的学习提供帮助和支持。而教师录制慕课课程可以借用图书馆的学术报告厅，获取配备音响、投影等较完备的课程录制环境和工具。

（二）学科服务平台

学科服务平台通常应包括学科知识资源、特色资源、学科信息门户、学科导航、学科咨询、个性化定制、主题服务、知识挖掘等信息，它是图书馆提供学科服务非常重要的窗口。目前，各高校的学科服务平台形式多样，包括学科博客、专业的学科服务平台、自建的学科信息网页等，但无论哪种形式都可以将我们的慕课资源嵌入其中，为学科服务的内容拓展一个新形式。例如，可以学习国外高校的方式新建慕课指南（或者慕课指南博客、慕课信息网页等），通过这个指南展示慕课宣传的信息、常见的综合类慕课课程、信息素养知识慕课课程、慕课版权等。学科类的慕课课程、特色多媒体资源、课程参考资源、学科专题信息、素养知识课程等信息嵌入发布到各个学科指南中去，方便学生按照学科获取，利用学科服务平台工具对本学科相关课程信息进行系统的收集、整理，并将学科服务平台上的常用专业资源如电子资源、图书、信息门户等整合，嵌入教师学生的研究和教学。

（三）移动图书馆

目前，国内高校推出的移动图书馆服务已经非常丰富，例如手机短信服务、移动图书馆 APP 服务、微信服务、RSS（简易信息聚合）订阅等。移动图书馆服务借助网络技术与移动设备帮助学生能在任何时间、任何地点获取图书馆的相关资源与服务内容，馆员可以通过移动图书馆将慕课课程服务嵌入教师建设课程与学生学习课程的过程中去。

微信具有的基本功能为基于学科服务的慕课活动嵌入式服务提供了重要途径。基于语音文本交互和群聊的交互功能，可应用于慕课课程协作学习，实现师生与图书馆员之间的交互沟通。例如，学科馆员可以通过一对一或者一对多的方式回复某个学科群组里师生的咨询。基于微信公众平台的信息聚合与推送功能，可以开发慕课课程学科参考资源的订阅推送和自动回复响应功能，使师生能够检索和获取学科慕课资源，如检索策略的编制、学科数据库的使用技巧、学科开放资源的获取与介绍等主题微视频，或者学生发送微视频的关键字，可通过微信自动响应发送相关主题微视频至学生的手机终端。基于微信公共账户的信息发布功能，发布慕课相关新闻信息。

RSS 个性化需求定制可以为学生提供订阅推送慕课资源与新闻的服务。图书馆员发布信息时可以将慕课资源按照不同学科类别聚合，为读者提供分类查询的途径。学生进入图书馆 RSS 服务页面后，可以看到按学科排列的资源链接地址，学生用鼠标点击需要的慕课信息链接地址，从菜单中选择增加频道，粘贴上复制的信息链接地址即可。图书馆员也可以将慕课信息按照主题词和关键词进行聚合，为学生提供主题词和关键词的查询方式。学生进入图书馆 RSS 服务页面，可以按主题词和关键词进行搜索，例如检索慕课版权、慕课工具、参考资源、慕课课程等关键词，然后将搜索结果中需要的信息资源链接地址复制粘贴到新建频道中。图书馆可以根据课程的内容设置、学生的在线咨询等提供配套于慕课教学的资料推送、个性化需求定制等服务。

图书馆员通过实体信息共享空间、学科服务平台、移动图书馆等途径，根据不同慕课服务的特色，选择较合适的途径传播给学生，教师与学生也可以通过这三个途径产生信息互动。

（四）慕课嵌入学科服务的特色

1.促进学科服务的内容嵌入

学科服务是学科馆员主动深入到教学科研活动中，帮助学生发现和提供更多针对性更强的专业资源。很多情况下传统教学和科研工作的模式使得教师、学生局限于自己的课堂、实验室，与图书馆员之间的交互难以深入并持续。通过将慕课资源嵌入学科服务，扩展学科服务的信息来源、信息形式，满足师生们浏览学科慕课资源的需求，图书馆员有更多的机会将学科内容嵌入教学中去，提高学科资源的利用率。当然，这也要求图书馆员对现有的慕课资源进行搜集、评判选择、重组、分类、标记等工作，并与其他学科资源进行整合。

2.促进学科服务的过程嵌入

学科服务需要深入了解学生的行为习惯、信息能力以及信息需求，根据学科特征，为学生提供主动、个性化的服务。图书馆为慕课教学师生互动、生生互动提供实体空间，使得学科馆员有机会参与教学活动，为教师提供数字化资源的内容支撑，了解教师与学生的实际信息需求，并提供相应的咨询服务，推荐参考文献，帮助学生利用图书馆资源解决慕课课程中遇到的难题。

3.促进学科馆员专业服务水平

学科馆员在整理慕课资源的同时，对该学科优质的教学内容、学科领域的研究热点、该领域的学术专家等会有更深入的了解，会从一定程度上提升自身的专业服务能力，与教师和学生交流时，能更加了解其信息素养需求、教学需求，以做好辅助研究工作。学科馆员也可以自学一部分学科课程内容，结合图书馆员的专业知识，提升工作效率与学科服务能力。

七、慕课背景下高校人才的信息素养教育

我国高校慕课的建设步入稳定发展的阶段，而高校人才的信息素养教育仍未受到足够关注与重视，开设学生信息素养系列慕课是大势所趋。

（一）慕课与高校发展

慕课的问世与开放课件、开放教育资源有着密切的关系。可以说，慕课是在开放课件的热潮与开放教育资源运动的背景下出现的。

2000年，美国麻省理工学院提出"MIT开放课件计划"，计划把该校所有的课程资料放到互联网上提供免费使用。2002年，该开放课件网站建成，"MIT开放课件计划"的提出与实施，不仅为师生提供了丰富的数字课程资源，向全世界宣传、推广了开放课件的理念，而且在全球范围内掀起了开放课件的热潮，进而引发了一场高校教育资源开放与共享运动。

2002年7月，联合国教科文组织在法国巴黎举办"开放课件对发展中国家高校教育的影响"论坛，正式提出了"开放教育资源"（Open Education Resource，OER）的概念，并对其内涵进行了界定。OER是"通过信息通信技术为全社会成员提供的、开放的教育资源，这些资源允许被进行非商业用途的咨询、利用和修改"。开放教育的核心是免费和开放共享，并能够在任何时候、任何地方为任何人增加获得教育和知识的机会。从此，OER运动的浪潮席卷全球，得到国内外许多高校和其他机构的积极响应。

值得一提的是，2003年10月，我国教育部批准成立了中国开放教育资源协会，旨在推进中美两国高校之间的紧密合作与资源共享，致力于引进国外大学的优秀课件、先进教学技术、教学手段等资源，同时将中国高校的优秀课件与文化精品推向世界，搭建国际教育资源交流与共享的平台。中国开放教育资源协会成员包括北京交通大学、北京大学、清华大学、北京师范大学等12所高校。

成立于2008年的开放课件联盟是OER运动的成果。该联盟的成员包括来自52个国家和地区的250多所高校教育机构和相关组织，开放共享了超过20种语言的1万余门网络课程。该联盟致力于推进开放教育及其对全球教育的影响，力求通过扩大获得教育的机会来解决社会问题。近年来，随着慕课的发展，全世界各大名校纷纷建立了慕课建设平台。

（二）我国慕课发展的整体状况

我国高校在2013年开始参与慕课建设。2013年1月，中国香港地区的香港中文大学加入Coursera平台。4月，中国香港地区的香港科技大学加入Coursera平台。5月，北京大学、清华大学、香港大学、香港科技大学等6所亚洲大学宣布加入edx。9月，北京大学开设了4门慕课，并通过edx开始全球教学。

值得关注的是，除了中国香港地区的12门慕课全部是由Coursera和edx提供建设平台之外，中国有50%以上的慕课是在本土自主开发的平台上建设的，清华大学的全部慕课均在其自主开发的"学堂在线"平台上建设的，上海交通大学的全部慕课也在其自主开发的"好大学在线"平台上建设的。

中国高校的慕课从无到有，从少到多，步入稳定发展的阶段，并呈现出以下特点：一是中国的慕课主要集中在北京和华东两个地区；二是超过五成的课程均依托本土平台建设；三是中国台湾地区的慕课建设已经形成规模，发展迅速。

2011年11月9日，作为教育部、财政部支持建设的中国高校教育课程资源共享平台，由高校教育出版社承办的"爱课程"网站正式开通，并推出了第一批20门"中国大学视频公开课"。2013年6月26日，"爱课程"推出首批120门"中国大学资源共享课"。

（三）信息素养慕课建设现状

在对中国慕课建设现状进行调查的基础上，为了解国内外信息素养慕课的开设现状，通过网络调查方法对网站上提供的20多个慕课平台上的1万多门慕课进行调查发现，开设信息素养慕课数量最多的是美国；其次是英国；再次是中国、加拿大、荷兰和爱尔兰。有关数字素养和计算机素养的慕课数量最多，共18门，占50%，这说明数字素养慕课受到了相当的关注。

在美国开设的20多门慕课当中，有4门课程的名称含有"素养"，有关数字素养、计算机素养的有13门，有关科学素养的有3门，有关媒体素养的有2门。开设的机构除了7所高校之外，还有地方政府的教育部门、教育基金会、教育机构和商业机构，类型多样，这些非高校的机构所开设的慕课内容丰富，范围广泛，生动有趣。值得一提的是，由微软公司开设的"数字素养与信息技术技能"为系列课程，共有数字素养、计算机基础、计算机安全与隐私、数字生活方式、信息技术原理、互联网与生产计划、生产计划、互联网与万维网等，包括阿拉伯语和英语的子课程。

当前国内外信息素养慕课的建设尚属起步阶段，呈现以下特点：一是欧美经济发达国家的信息素养慕课发展较为迅速；二是高校仍然是开设信息素养慕课的主体；三是内容主要集中在数字素养和计算机素养等领域；四是信息素养慕课数量少，参与机构不多。

（四）高校开设学生信息素养系列慕课

我国信息素质教育始于20世纪80年代，主要采用在全国高校开设"文献检索与利用课程"（全校公共选修课）的形式，对在校学生进行信息素质教育。尽管课程名称比较多，如信息获取与利用、信息检索与网络资源利用、现代信息查询与利用、文献信息检索等，但其课程的核心内容主要围绕文献检索的基础理论和基础知识、各科各类检索工具的基本原理及检索方法、主要数据库的利用、图书馆利用等。在进入信息社会的今天，该课程无论是形式还是内容均已过时，一方面无法适应社会发展和时代进步的需求；另一方面也无法满足学生对信息资源获取与利用以及其他信息素养相关知识的需求。

近年来，国外高校纷纷从开设传统的文献检索课改为开设信息素养课程，国内也有些高校紧跟国际潮流，开始开设信息素养课程，如北京大学的"信息素养概论"、上海交通大学的"信息素养与实践"、深圳职业技术学院的"信息素养步进课程"、韶关学院的"大学生信息素养教育"等。

在高校开设学生信息素养课程，不仅能够培养学生的信息检索技能、图书馆素养、媒体素养、计算机素养、互联网素养、数字素养和研究素养等，而且能够培养学生对现代信息环境的理解能力、应变能力以及运用信息的自觉性、预见性和独立性，从而提高综合素质。随着国内外高校开设慕课热潮的到来，开设学生信息素养系列慕课不仅必要，而且已经是大势所趋。高校开设慕课教学的意义如下。

第一，慕课的交互性能提升学生信息素养课程的教学效果。与传统的面授课程相比，慕课的形式多样，有大量穿插于慕课视频中的交互式练习。这些练习不仅能帮助学生及时理解并巩固所学的内容，而且能够激发他们的学习兴趣，鼓励和引导学生更加积极地学习与思考，使他们从被动学习转变为主动自主学习，大大提高了学习效果。与此同时，慕课的交互性也有利于进行信息素养课程的模拟检索操作。

第二，慕课的开放性有利于面向全校本科生甚至社会公众开设学生信息素养课程。开放性是慕课区别于以往其他网络课程的最大特点，而这种开放性特别适合开设作为全校公选课的信息素养课程，不仅因为学生需要信息素养教育，而且社会公众也需要信息素养教育。因此，信息素养课程应该以慕课的形式同时面向在校学生和社会公众免费开放，使得更多的人有机会获得信息素养教育，提升自身的信息素养和综合素质。

第三，慕课的灵活性非常适合学生信息素养课程的模块化教学。由于学生有不同的学科专业，不同的学科专业对信息素养教育的需求各异，因此可分为人文社科、自然科学、理工、医学四个模块，才能满足各个学科门类的需求。与此同时，还可以开发类似"插件和游戏"的模块，方便教师随时嵌入慕课当中，充分利用慕课的灵活性开展教学。

第四，慕课的互动性为信息素养课程中需要的多方互动与交流提供了有利条件。依托网络社区和社交网络进行互动交流是慕课的优势之一，它不仅可以开展学生与教师的互动交流，而且也可以进行学生之间的互动交流。学生可以围绕教师提出的问题进行交流和讨论，也可以开展基于网络社区学生群体的"同学互评"，增强了学生的参与感，也促进了学生之间的相互学习。

八、慕课在高校教育教学中的应用

慕课在教学理念、教学设计、教学模式、教学评价等方面都有独特的优势，并将改变高校的教学机制。

（一）慕课资源的优势对传统教学的镜鉴

1. 教学理念——"自主学习"对"接受学习"

现行的高校教育教学理念是"接受学习"，教师是教学的绝对主体，他们是知识的拥有者，以"传递高深学问"为己任，将教材上的知识以及自身所拥有的知识以自己最擅长的方式教给学生，"教"完全支配"学"。而慕课的教学理念是"自主学习"。它将学习的主动权交还给学生，允许学生根据自身知识、能力水平自主选择学习内容，自行把握学习进度，自主选择学习环境。一门慕课课程通常会持续几周至十几周，每周一次课，每次课一般几个小时，以事先录好的视频形式呈现。每次课程的视频又经过事先处理被划分为若干时长在10分钟左右的知识单元。这种设计的目的就是允许学生在学习过程中，根据自身的实际需求，自定学习步调，不必受传统教学的限制；允许学生根据自己的兴趣爱好选择学习自己感兴趣的内容；在学习环境方面，学生也可以自由选择在宿舍、教室、家庭等不同场所进行学习；在学习工具方面，学生可以选择台式电脑、笔记本电脑、手机等不同设备。由此可以看出，慕课所主张的是一种自觉、自愿、自立、自为、自律的学习，体现了"自主"的本质特征。

2.教学设计——"技术性、便捷性"对"工具性、烦琐性"

慕课的教学设计是技术性和便捷性的统一。以 edx 为例,其课程的教学设计包括两大阶段:前期阶段和核心阶段。前期阶段主要是对学生的学习需求、教学目标和教学内容进行分析。首先,根据学生的专业、学习背景对其学习需求进行分析;其次,根据不同类型学生的需求,确定不同类型的教学目标;再次,根据对学生的学习需求和教学目标的分析,确定教学内容,并将其科学地划分为若干个相对完整且相互关联的知识点。核心阶段则是对学习资源、教学活动、学习评价和学习支持的设计。对学习资源的设计主要就是对教学视频的设计,它包括对教学视频的制作、视频内容的设计等方面;对教学活动的设计主要是对学生个体活动、生生互动、师生互动的设计;对学生个体活动的设计就是根据学生的兴趣合理设置小测验或试题库,对生生互动的设计是根据合作学习原理合理设置小组互评等形式的活动;对师生互动的设计则是以注重交互性为前提,设计线上师生问答互动、线下博客、微信互动讨论等;对学习评价的设计就是根据学生的学习需求、教学目标和教学内容对相关内容的测验、作业以及试题的设计;对学习支持的设计就是对学习资源、教学活动、学习评价等工作提供相应的技术支持。

3.教学模式——"以学为本"对"以授为本"

传统课堂教学模式是"以授为本",这体现了教师对整个课堂教学活动的绝对控制。也就是说,教什么、怎么教和教多久都要由教师决定,较少考虑学生自身的需求和想法,学生只能被动地接受。而慕课是将众多优质课程资源置于专门的网络课程平台,供学生根据自身的兴趣、爱好和需求自主选学。其规模之大、时空范围之广、开放程度之高是传统课堂教学无法比拟的,其核心就是强调"学",体现了"以学为本"的特点。这种从"以授为本"到"以学为本"的转变,归根到底是由慕课自身的特点决定的。首先,慕课的大规模和开放性为学生的自主选学提供可能,而慕课简便的操作方式、低廉的学习成本使得这种可能变成了现实。其次,慕课的可重复性为学生正式学习之后的温故知新创造了便利条件,学生可根据自己情况重复学习其认为重要的或必须掌握的内容。最后,慕课重视学生自身的体验和师生、生生之间的互动,有助于巩固学生的自主学习成果。体验是一种静态的自主学习,它突出的是学生对学习内容的独立认知和感悟;而互动是一种动态的自主学习,它突出的则是学生对学习内容的相互交流和碰撞。可以说，慕课是学生对学习内容的认知、感悟、交流和碰撞等的集合。因此，慕课的设计必须突出"以学为本"。

4.教学评价——"重在评学"对"重在评教"

高校现行的教学评价主要是对教师教学过程及结果的评价，对教学过程的评价重在对教师授课过程的评价，而对教学结果的评价则重在对教师授课结果的评价。概括地讲，现行教学评价重在评"教"。然而，教学是由"教"与"学"两方面组成的，只评"教"就容易忽视"学"，也就无法真实、全面地反映实际的教学状况。事实上，检验教学效果好坏的标准只有"学"。因此，如何科学合理、切实有效地检验学生的学习效果是开展教学评价的根本。而慕课正是从这一根本出发设计的。

（二）慕课资源融入高校教育教学机制

1.采用混合式教学模式，改善教学资源

教师可以借助慕课平台获取备课所需各种资料，无须再受场所限制；学生可以在任何一台互联网设备上以在线注册的方式学习这些课程，享受全球教学资源，无须再受几百人共同上课的困扰，也不必再担心不能正常上实验课等问题。因此，将慕课融入传统教学，可以切实改善高校资源短缺的现状。具体做法是：课程开始前，教师将所授课程内容按课时划分后，上传至慕课平台，并给学生详细安排每节课的自学任务。然后，学生在每节课开始前自学慕课平台上的相关内容，并完成习题和小测验。在学生自学期间，教师每周组织一次线下讨论课，安排学生针对自学过程中的疑难问题开展小组讨论；之后，教师针对课程中的重点内容提出若干问题，由学生回答，并进行点评讲授。在这个过程中，教师只是一个引导者，在适当时候负责牵线，大多数时间都是学生发言。这种"自学、讨论、讲授"的混合式教学，是慕课资源嵌入高校教育教学较为理性的模式。

2.实施"双师教学"项目，提升教师专业化水平

在慕课平台上，教师资源非常充足，且不乏许多世界知名高校的优秀教师，每一门课程均由1~2名优秀教师主讲，有的课程还配有2~3名负责线上课程测评及论坛区工作的课程助教和论坛助教。如此充足的教师资源是传统教学无法比拟的。慕课平台上的每一门课程，都可以供成百上千，乃至几万、几十万学生共同选择学习。因此，可以引入慕课平台上的优秀教师资源；对于一些慕课平台和高校共有的课程，高校可以

尝试让全校学习同一门课程的学生在规定的时间内，在慕课平台上按要求自学该门课程的主要内容，并完成课程测评及讨论。之后由本校教师集中时间开展辅助教学，主要针对学生在慕课学习各环节中所遇到的问题进行及时解答。这样就形成了集高校与慕课平台教师资源于一体的"双师教学"。在慕课平台上，一方面学生可以在规定时间内完成课程的学习；另一方面教师可以从优秀教师身上学到很多平时无法学到的知识、授课技能与方法等。可以看出，这种"双师教学"既是一种新型的远程教育教学模式，又是一种可行的教师资源共享途径，还是一种便捷的师资培训方式，可以使更多高校共享优质教师资源，从而促进其教学质量的提高，提升教师专业化水平。

3. 拓宽信息来源渠道，开阔师生视野

借助慕课平台，高校师生不需要进图书馆就可以学到丰富的知识；可以了解到国内外学术团队运作的基本情况，通过线上交流使线下学术合作成为可能；可以把握相关学科最新的研究进展和发展动态，还可以接触国内外先进的教育理念和教学方式。世界知名慕课平台之一的edx，目前拥有来自世界各地的10多万名学生，可以在全世界任何地方学习哈佛大学的"古希腊英雄"、加利福尼亚大学的"幸福科学"、芝加哥大学的"城市教育中的关键问题"、北京大学的"化学与社会"、清华大学的"中国建筑史"等来自世界100多所名校的300多门课程，这些课程充分体现了相关领域最先进的思想观念、最丰富的研究手段、最多样的研究范式。因此，高校可以借助"双师教学"的运行方式有效利用慕课提供的信息，丰富课堂教学内容，拓宽信息来源渠道，开阔师生的视野。

4. 加强师生对外交流，提升高校国际化水平

慕课的到来，为高校的对外交流也提供了极大的便利。教师不出校门就可以与国内外名校名师在线进行学术及思想的交流；学生借助电子设备和网络，也能够与名校名师进行线上或线下的讨论交流。许多慕课课程都有极其富有生气的讨论区，国内外不同学校同一学科的教师之间可以针对所教内容中的重点、难点及最新研究动态进行线上交流；数以千计选择同一门课程的学生以他们特有的方式与教师、同学开展交流，如微博、微信、QQ群等。通过不同形式的交流，达到共享学习内容、分享学习收获、共同感受学习乐趣的目的。高校可以以慕课平台作为拓展师生对外交流的起点，通过线上多次交流为线下交流奠定基础，使对外交流从线上最终延伸到线下。因此，高校

可以借助慕课平台增强广大教师对外交流的意识，调动其积极性，并以慕课为中介，为广大教师提供线下的对外交流机会，不断开放线下对外交流渠道，最终提升其国际化水平和竞争力。

第三节 高校教育教学创新——微课

微课的兴起为课堂教学的革新提供了一条有效的途径，也对提升教育公平和质量，共享优秀的教育资源，满足学生的个性化需求，实现随时随地的学习提供了有力的保障。翻转课堂正是建立在微课的基础上对传统教学方式的一次变革。

一、高校微课教学模式

（一）翻转课堂

根据教育心理学相关的研究成果以及翻转课堂教学的实践，厦门大学郭建鹏老师提出一个 O-PIRTAS 翻转课堂教学法，作为教师在教学中应用翻转课堂一个可依据、可操作的模式。O-PIRTAS 是英文单词 Objective、Preparation、Instructional video、Review、Test、Activity、Summary 的缩写，分别表示实施翻转课堂的几个必要环节：确定教学目标、确定课前准备、课前教学视频、课堂视频回顾、课堂知识测试、课堂活动探究以及课堂总结提升。

1. 确定教学目标（Objective）

为了帮助教师更容易区分教学目标的种类，结合已有关于教育目标分类的理论以及翻转课堂教学模式的特点，可以把教学目标大致分为两大类：知识性目标和能力性目标。知识性目标属于初级目标，主要包括对知识的记忆和理解。能力性目标则属于高级目标，包括布卢姆教育目标分类中的应用、分析、评价、创造等高级认知目标以及情感态度、价值观、批判思维、自我认识、学会学习、沟通合作等能力和素养。

需要特别指出的是，这里的能力性目标除了包括通常意义上的能力（如应用能力、分析能力、沟通能力），还包括情感、品格、态度等内容，也可将其称为素养性目标。但是为了方便教师的理解和操作，并与知识性目标相对应，我们统一把这些素养称为能力性目标。知识性目标是最基础的教育目标，脱离了知识性目标，能力的培养就失去了基础。但只满足于知识性目标是远远不够的，教师需要在知识性目标的基础上进一步发展学生各方面的能力和素质，才能培养出符合社会和时代发展需求的人才。

把教学目标分为知识性目标和能力性目标，与学者彭明辉和马顿等对教学目标的分类有相之处。他们将教学目标分为直接教学目标和间接教学目标两种，直接教学目标是指学习的内容性知识，比如化学反应率，经济学的供应和需求；间接教学目标是指学生通过学习内容性知识能够发展的能力，比如通过实验计算某种化学反应的反应率，或者能够使用供需的同时变化来解释某种商品市场价格的变化。这种分类的直接教学目标类似于知识性目标，而间接教学目标则类似于能力性目标。

把教学目标分为知识性目标和能力性目标，可以帮助教师比较直观地分析教学目标并应用于教学设计之中。对教学目标的分类是跨学科和年级的，我们认为对于任何学科和层次的教学，都可以分为知识性目标和能力性目标，教师要根据具体教学实际设计这两类目标，以保障教学的有效实施。知识性目标和能力性目标的分类符合翻转课堂教学模式的特点。总的来说，翻转课堂的课前、线上、课外自学部分主要是围绕着知识性目标展开的。而翻转课堂的课中、线下、课内集体学习部分则主要是围绕着能力性目标展开的，因此明确两类教学目标对于开展翻转课堂各环节的教学具有统领作用。

对于教师的工作和价值来说，知识性的教学是相对比较容易被代替的，或者说不是教师的主要价值所在。今天信息社会区别于以往社会的一个重要特征在于知识的获取十分便捷，教师不再是知识的唯一来源，甚至也将不是主要来源。当前网络上具有各种丰富的资源、搜索引擎，甚至包括慕课、可汗学院在内的各种优质教育资源，都可以成为学生获取知识的重要来源。可以说，每位高校教师在学校所教的课程，基本上都可以在网络上找到相应的慕课资源。而且这些慕课课程都是名校（比如哈佛大学、麻省理工学院、斯坦福大学）名教授精心制作的课程。从知识的角度，这些慕课和知名教授是学科知识的代表，比大多数教师更具权威性、系统性以及准确性，完全可以取代教师成为学生获取知识的途径。未来随着人工智能技术的发展，人类在知识教学上的优势可能更加荡然无存了，人工智能完全可能成为一个比人类更好的教知识的教师。

相对于知识性的教学目标来说，能力性的教学目标是教师的独特优势。能力性目标涉及人类情感、创造力、沟通、合作这些人类所特有的品质，是人工智能所不具备的。

因此，未来教师的主要工作和价值应该体现在对学生能力性目标的培养上。

明确教学目标是成功实施翻转课堂教学的首要环节和先决条件。翻转课堂教学不满足于只是完成知识性目标，而是更加注重能力性目标。知识性目标基本上可以通过视频让学生在课前自学完成，实体课堂则主要被用来发展学生的能力。

2. 课前准备活动（Preparation）

课前准备活动主要有以下两个作用。

第一，提高学生学习的兴趣和目的性。认知目标是形成学生学习动机的一个关键因素，学生只有对未来的学习目标产生期待时，才会发生有意义的学习。研究表明，学习的过程往往是从整体到部分的过程，学生了解了学习的总体目标之后，再进行分解学习的时候就会更有方向性和目的性，学习效果也会更好。在实际教学中，教师要通过课前准备活动先让学生明确学习目的，使其对未来的学习结果产生一种积极的期待。如果教师通过课前导入活动，在正式教学之前告诉学生本次学习的目的和作用，则能够激发起学生学习的兴趣，并让他们的学习具有指向性。

第二，课前准备能为之后的视频学习打下良好的基础。在教学形式的顺序上，翻转课堂和传统课堂都是先讲后练的顺序，并没有进行翻转。教师的讲授是需要一定的时机、条件或基础的，讲授要发挥作用需要学生具备一定的先前知识，学生在努力思考、探索、挣扎过某个问题或情境之后能更好地理解讲授的内容。虽然学生在接受讲授之前进行的问题解决和探索可能是不成功、不正确的，但是这种尝试有利于图式编码和整合，既能够帮助学生认识到自身先前知识的不足，还能通过对比正误解法来让学生注意到学习的关键特征，从而为之后接受教师系统地讲授打下必要的知识基础。

那么，什么样的活动能够帮助学生形成必要的先前知识，为下一步接受讲授打好基础呢？国外学者建议可以通过让学生对比相关概念或原理的多重样例，来帮助学生注意并理解样例之间的区别，发现知识的结构性特征，从而发展出辨别性知识。这些辨别性知识是理解之后系统讲授的重要基础。还有学者提出有益性挫败理论，建议在直接讲授之前让学生先进行探索性的问题解决，让学生使用已有知识探索问题的解法，有助于图式建构，投入更多的认知资源，发现不平衡并意识到自身先前知识的有限性。学生还可以通过对比不同解法的异同，来发现新知识的关键特征并更好地进行编码。我们基于变易理论的研究成果发现，对比学习对象的多重样例能够帮助学生审辨出学习的关键特征，这些审辨出来的关键特征为之后的系统讲授奠定了基础。此外，学者进一步提出对比、分离、类化、融合四种变与不变的范式用来指导多重样例的设计。多重样例之间应该变化一个关键特征，让学生首先单独审辨出这个变化的特征。在学生单独审辨出多个特征之后，再让学生对比同时变化多个关键特征的多重样例。

在学生正式学习教学视频之前，先通过相关的探究活动让学生进行适当的学习和探索，激发起学生的学习兴趣，并准备好必要的先前知识。课前准备活动可以让学生带着兴趣和疑问进入视频的学习，将能够显著改善视频教学的效果。

3. **课前教学视频（Instructional video）**

在完成课前准备活动之后，学生需要在课前自学教学视频。翻转课堂的教学视频可以是教师自己录制，也可以使用他人录制的视频。教学视频形式可以多样，内容主要反映的是教师在传统课堂中的讲授部分，视频学习部分主要对应的是前面制定的知识性的教学目标。

目标的实现并不需要在实体课堂中接受教师的实时现场指导，或者与同学进行互动合作。高校学生通过自学教学视频就可以在很大程度上完成对知识的记忆和理解。此外，在这个环节还可以充分利用信息技术和多媒体的优势，让整个知识的教学过程更加有趣、生动、高效率。从知识性的目标来说，一个制作良好的教学视频或者在线课程，其教学效果可以达到甚至超过教师在实体课堂的讲授。即使是一个质量一般的教学视频也能在很大程度上完成知识的记忆和理解目标。

4. **课堂视频回顾（Review）**

学生完成线上视频学习之后，进入线下实体课堂进行学习。通过教学视频，翻转课堂把知识的学习移出到课外，大量的课堂时间可以被用来进行问题解决、合作探究等活动。有些教师可能会在线下上课的时候，马上给学生呈现的问题进行解答或布置活动进行探究。但是根据我们的实际教学经验，我们建议在实际开展课堂活动之前，教师应该首先简要回顾一下课前教学视频的内容。这是因为一开始上课就直接让学生回答问题，会显得比较突兀，学生也会难以适应，难以营造良好的课堂氛围。有研究表明，学生在上课之初往往需要 3~5 分钟才能静下心来，短暂的过渡之后精神才会非常集中，注意力才会高度专注。此外，学生虽然已经在课前完成对视频的学习，但是视频学习时间距离上课已经过去几天时间，学生一时可能难以迅速回想起视频的内容，尚未从心理上完全做好准备，这时候马上做题、考试，会引起学生心理上的抵触。

线下课堂首先起始于对课前视频的知识回顾，视频回顾不是对视频知识的重新讲解和详细分析，而是提纲挈领地帮助学生回顾内容，把握知识结构。学生课前如果没有学习视频，仅仅是通过短时间的视频回顾是无法完全掌握知识的；如果课前已经完成视频学习，视频回顾则可以帮助他们迅速唤醒记忆，把思维集中到课堂的主题上，为课堂之后进行的问题解决和探究活动打好认知基础。

5. 课堂知识测试（Test）

教师带领学生回顾完视频之后，开始进入课堂知识测试部分。最早使用翻转课堂进行教学改革的时候，就是在课堂上让学生在教师的监督和指导下完成家庭作业的。教师通过作业考查学生课前视频的学习和掌握情况，然后针对学生在做作业中出现的问题进行指导和讲解。测试教师通过提前设计好的问题来考查学生课前对视频内容的学习效果，主要还是针对知识性的教学目标。课堂知识测试环节有以下两个目的。

第一，检查学生课前是否观看了视频。很多教师在实施翻转课堂的时候，都会担心学生课前没有提前观看视频，导致无法有效参与课堂活动。因此，为了检查学生课前是否观看了视频，教师上课时可以设计一些比较简单的题目，考查事实性信息。学生如果在课前提前观看了视频一般都能正确回答，如果没有提前观看视频则无法正确回答。

第二，课堂知识测试的目的是检查学生课前是否看懂了视频。课堂测试的主要目的是检测课前视频的学习效果，虽然我们预期学生通过自学教学视频能够完成大部分的知识性目标，但需要承认，学生只是学习视频可能还无法完全掌握一些教学难点。因此，教师需要在课堂上有针对性地设计一些比较难的问题，用来检测学生是否真正掌握了该教学难点。教师可以根据学生对问题解决的情况，决定怎样进行相应的讲解。如果大部分学生的回答正确，教师可以略过不讲；如果很多学生的回答错误，则表明课前视频的教学效果不好，教师就需要仔细分析学生的错误，并进行有针对性的讲解，学生课堂问题的回答情况将被计入课程总分。

在这个环节中，教师需要及时掌握学生问题的回答情况，才能决定是否进行指导、指导什么、指导多少、怎样指导。教师可以利用一些信息化互动工具来实现这一点，这些工具可以帮助师生实现课堂测试的即时互动和反馈，提高教学效果。

6. 课堂活动探究（Activity）

课堂测试之后，开始进入课堂活动探究部分，教师需要设计相关的课堂教学活动以完成前面制定的能力性的教学目标。大量的课堂时间可以用来互动、探究、问题解决和个别化指导，进行高水平的认知活动（应用、分析、评价和创造）。如何有效利用这些上课时间创设有意义的学习活动，让学生在深层参与课堂学习中，就成为翻转课堂能否有效实施的关键。

教师要根据具体的教学目标，综合使用问题解决、合作、辩论、汇报、角色扮演、实地考察等形式设计课堂活动。教师在设计课堂活动的时候要注意与基于问题的学习、基于项目的学习、基于游戏的学习、同伴教学案例教学等比较成熟的学习模式结合起来。这几种教学模式都强调以学生为中心进行合作、探究、互动，因此可以与翻转课堂做到无缝对接。在使用这些模式的时候，教师要注意具体的操作原则和使用方法，使得活动向深层次探究，从而有效地实现教学目标。这需要一个借鉴、学习、实践、反思、改进和提高的过程。

除了应用一些成熟有效的教学模式和方法设计课堂活动，教师还应该帮助学生改变学习的观念和习惯。教师需要为学生搭建"脚手架"，教给学生讨论和合作学习的技巧，有效支持学生进行学习。学生需要学会如何准确地表达自己的观点、倾听他人的思想、回答问题或辩驳他人的观点。在自主学习方面，教师应该在学期初就告诉学生为什么改变学习模式、怎么样改变学习模式，向学生分享好的案例，设计适合自学的任务单，提供多样化的自学资源，利用网络实现学生之间的问答互动，要求学生依照任务完成单自我核对和评价自学成果，给自主学习环节合理的课程分数，上课开始时进行一个小的阅读测验等。

教师应该加强教学法的学习，尤其是对这些比较成熟的教学模式和方法的学习和应用，这将成为教师一项必备的能力。随着未来技术的发展，教学的知识性目标基本上可以被技术所取代，教师将真正成为学生"灵魂的工程师"。未来优秀的教师将是会用、善用技术者，把技术能够完成的任务交给技术，自己则通过组织教学活动培养学生的能力，在人类擅长的合作、情感、沟通等领域发挥重要作用。

7. 课堂总结提升（Summary）

在完成课堂测试和活动探究之后，教师需要对整个教学过程和内容进行总结，提升学生的学习和认识。学生从最初的课前准备活动，然后学习各种教学视频，再到课堂回答问题，进行活动探究，整个学习内容丰富、时间较长，对于很多学生来说，可能无法完全把握住重点。因此，教师最后需要进行适当的总结、归纳和提升，帮助学生提炼出最核心的学习内容，以形成完整的认识。此外，教师也可以利用课堂最后的时间开始下一个 O-PIRTAS 教学循环，进行下一次课的课前准备和导入活动，引起学生的学习兴趣，或者布置课前探究活动，为下一次的视频学习做好准备。至此，整个 O-PIRTAS 翻转课堂教学的闭环形成。

O-PIRTAS 翻转课堂教学模式从教学目标的确定，到课前准备活动、课前教学视频、课堂视频回顾、课堂知识测试、课堂活动探究、课堂总结提升，包括课前课中课后、线上线下、课内课外、知识能力不同维度。该模式为教师在教学中实施翻转课堂教学提供了实际可行的指导，可操作性强。而且每个环节都有相应的教学心理学的研究成果作为支撑，合理性高。

（二）知识微课

知识微课是指以通用知识技能为主，每节微课围绕一个知识点展开的微课形式。知识微课又分为知识类面授微课和知识类电子微课两种模式。

知识微课主要用来传授通用原理、方法、工具等，是学生需要掌握的基础知识和基础技能的应用。这些知识需要学生自己根据实际的场景进行转化和应用。知识微课开发者需要系统化的理论知识和丰富的教学设计能力，因此更加适合教授、咨询顾问、培训讲师来开发。

（三）情境微课

情境微课是指根据特定的环境、任务、场景展开的微课教学活动。情境微课分为情境类电子微课和情境类面授微课。

1. 情境微课的价值

第一，情境微课是针对具体工作场景，尤其是挑战性场景和痛点场景开发的。这些场景能够与企业业务改善需求快速对接，也符合学生改善工作方法和提升绩效的需要。

第二，萃取教师头脑内的隐性知识转变成组织经验并快速复制推广，是高校教育教学的一种重要手段。情境微课开发提供了这样一种载体，通过聚焦特定情境和问题，借助教师丰富的实战经验及反思总结，萃取高价值的知识，并通过课程实现转移。

第三，情境微课来自实际工作典型情境，与学生遇到的问题和挑战一致，学习内容非常容易应用到实际工作中。

第四，情境微课需要多位教师结合实战经验进行深入讨论，萃取关键知识、梳理方法论、挖掘典型案例，这个过程同样也是教师能力升华的过程；同时，课程设计或课程面授又提高了教师辅导能力，使具有丰富实践经验的教师成为"实践＋理论＋传承"三位一体的教师。

2. 应用领域

情境微课主要用来传授特定任务，在场景中需要的整合性知识、技巧，学生可以直接模仿和借鉴，容易转化和应用。这就要求情境微课开发者拥有丰富的实践经验，能结合特定情境中的挑战点、痛点、难点提炼出有针对性的知识，因此适合有专业知识的教授开发。

3. 情境微课的开发模式

在情境微课开发过程中，企业一般会采取两种模式。

第一，个人经验分享式。常见模式是专家案例分享课程，这种模式简单且易于操作。通常结合自身的典型案例进行个人复盘，总结经验教训或方法窍门后，利用简单课件工具就可以制作完成。通过鼓励教师和更多人分享，经过简单制作就可以获得大量微课。尽管质量参差不齐，但是可以通过评价、点赞等机制，筛选出一批有水准的课程，然后进行深度萃取。

第二，组织经验萃取式。常见模式是组织一批教授或教师通过头脑风暴、焦点小组等形式对组织经验进行深度萃取，最终形成可以复制的策略、方法、工具、诀窍等，同时输出具有典范和对比效应的正反案例。

二、微课的开发制作

（一）微课的开发制作过程

微课的制作过程是一个较为复杂的系统工程，制作一般要经过前期的可行性分析、分析知识单元、确定序列结构、设计教学内容、设计教学交互、脚本编写、视频开发与制作、微课实施设计、反馈与优化等基本环节。

1. 可行性分析

微课的可行性研究是对微课开发进行技术性、科学性和实用性的论证。其基本任务是通过调查研究，综合论证一节微课在教学上是否实用和可靠，在学生学习上是否有需求，在经济上是否合理（制作成本和利用率），在开发过程中是否有技术和人才的保证。微课的可行性研究主要考查点有以下几个方面。

（1）微课开发在课程中的必要性

微课开发者需要对课程有全面的掌控，包括微课开发的内容和可利用性。合理确定哪些知识点必须开发微课，哪些知识点不宜开发微课。应选择有代表性、普遍性及关键知识作为微课的开发对象。

（2）微课对学生的作用

分析学生的思维和认知特点，回答为什么该知识点会成为学生学习的难点或重点，分析微课表现什么内容和采用什么形式更能适合学生的微学习方式。

（3）微课开发的人才和技术保证

微课主要格式有视频、动画和音频。对于视频制作，需要有视频拍摄和后期制作。对于音频，需要音频制作和素材整合。因此，微课开发需要有掌握一定视音频制作技术的人才。

（4）微课的后期利用率预期

可行性研究还要考虑后期的利用率，要分析学生对该知识点的学习是否有较大的需求，明确需求量不大的知识点不适合制作微课。要考虑开发后微课是否具有较高的使用访问量，在课程教学中的地位是否举足轻重。要根据以往的教学经验给出预期的利用率，也可以通过网上问卷形式得出结论。

（5）微课开发的成本分析

微课开发的成本主要有脚本编写、视频拍摄、视频制作、3D制作、字幕制作、配音配乐、服务器租用等。但是，微课一般不使用高分辨率的视频格式，其目的是方便网络传输。所以，对计算机等硬件要求不高，主要是软件技术的制作成本和人工费。

2. 分析知识单元

知识单元是每节微课向学生展示的知识内容，分析知识单元是微课程设计的首要任务。知识单元的设计要符合教学目标，所以分析知识单元分为两个过程：分析教学目标和建立知识单元。

（1）分析教学目标

微课程的教学目标有两个层级：一般性目标和一般性目标指导下的详细目标。

一般目标分为三个维度：认知目标、情感目标、技能目标，以这三个维度为指导性目标，用于指导微课程类型。微课程可以按照目标的不同维度，分为认知型微课程、情感型微课程、技能型微课程。

（2）建立知识单元

建立知识单元包括两个方面的含义：一是要梳理目标和知识单元的关系。知识单元的微小和单一的特点，决定了知识单元所能承载的目标不能太多、太复杂。二是我们通过分析教学目标，将教学目标组织成知识单元目标，其中不仅要有知识单元体量、难度上的考虑，也要考虑到是否需要设置成独立的知识单元，是否需要补充额外的知识单元。如果微课程作为课堂教学的辅助性资源，则不必每个知识单元都设计成微课。如果微课作为开放的课程补充，则要按需求增加大纲以外的内容。由此可见，从课程目标到微课程知识单元的过渡，同样需要按需设计和筛选。

同时，设计知识单元也需要坚持一定的理念。教材中的单元之间有很强的逻辑性和连续性，单元之间层层推进。但微课程里的知识单元不同于教材的单元，具有体量小、相对独立、半结构化、开放性、生成性的特点。相对独立的特点使微课程中的每一节课都可以被单独拿来学习，用以深化或拓展学生某一方面的知识、能力或情感。半结构化可以让微课更加灵活地适应教学内容，类型丰富多样。开放性让微课作为相对独立的单元，可以通过适当的接口，与其他微课形成或纵向或横向的联系。生成性则让微课不断优化、更新或维护，以适应日新月异的新知识环境。

3. 确定序列结构

将知识单元分析出来后，需要组织成一定的序列结构。此处的结构化与微课程的半结构化所指不同，并不矛盾。微课程内部半结构化是指媒介微课程的结构，知识单元间的结构化能够更好地与教材知识体系相结合，让微课程更系统地为课程教学提供服务。确立序列结构时也要尽量保持完整性和灵活性相结合。完整性使得微课程具有完整的培养体系，照顾到大多数的学生，能够让普通学生通过连续学习，完成教学目标的要求。同时，灵活性要兼顾学生的个性化差异，在"完成微课程学习即达到相同水平"的前提下，让不同能力背景的学生可以有选择性、有主次地学习。

一般依托教材开发微课程，知识单元的串行化比较简单。在分析出知识单元后，按照教材目标体系即可确立知识单元的序列结构。串行化过程可以自上向下逐步细化，从抽象到具体形成学习目标树，目标树的最底层枝叶为拥有具体目标的知识单元。

一些微课程整体或局部针对的教学内容并非教材内容，内容中各知识单元之间的关系复杂、凌乱或不清晰。当分析的各级教学目标不具有简单的分类学特征，或者其中的概念从属关系不太明确，也不属于某个操作过程或某个问题求解过程时，使用ISM解释结构模型分析法比较合适，包括以下几个操作步骤：抽取知识元素，确定教学子目标；确定各个子目标之间的直接关系，做出邻接矩阵；利用邻接矩阵求出教学目标形成关系图；利用关系图拆分成关系树；对关系树进行后续整理并取消重复项，以此来生成目标序列。求出的关系图即可以用来完成知识单元串行化。

4. 设计教学内容

设计教学内容主要包括课本内容设计、辅助内容设计，目的是形成微课程资源包。从教材分析中得到的知识单元内容，是单节微课的主题。教材内容的主要呈现方式是微视频，微视频依据不同的微课程类型，也会有一些不同的特点。

（1）主题设计

首先，微视频要依照知识单元的内容设计重难点。因为知识单元本身就是粒度比较小的知识点。一般情况下，一个知识单元只会包含一到两个重难点。其次，对于以知识掌握为主题的认知型微课程，微视频的重点在于理解基本概念、基本原理，难点则在于对复杂概念和原理的掌握。以情感、态度和价值观培养为主题的情感型微课程，微视频应以学生情感体验为主，主题应该是与生活结合紧密的案例。通过对案例的展示和讲解，体现出教师对案例本身的情绪、态度、价值判断、理性思考，从而将价值观传达给学生。技能型微课程的主题是展示技术动作、技术流程、操作标准、操作判断、应急处理等技能。例如，体操教学中的分动作讲解、实验课的操作流程和注意事项、防火防震技巧讲解等。

一节微课程不会只包含一种维度的培养目标，可能包含两种或三种维度，我们称之为混合型微课。这种微课的主题设计，首先要分清培养目标的主次；其次要依据主次，对微课进行灵活的混合式设计。

（2）过程设计

微视频是课堂教学的浓缩再现，其过程简洁而完整，整体时间约为10分钟，最长不宜超过15分钟。在这简短的时间内，要完成课题引入、内容讲解、总结收尾等过程，必须要求节奏适宜、不拖泥带水。

第一，快速引入课题。迅速地接入主题内容，给学生搭建环境或"脚手架"，可以更好地开展课程学习。课程可以以开门见山的方式，或者以一个有趣故事、一道问题求解、一段悬念入手，让学生迅速产生兴趣，了解本课程所授知识点的内容。微课导引部分要求切入主题的方式力求新颖和引人注目，此部分时间不宜过长，半分钟到一分半钟之间即可。

第二，内容讲解主干清晰，理论简而精。引入部分之后便是内容讲解，依照知识单元的内容要求、课程培养目标、微课类型特点展开主题讲解。讲解时主线要明确，主干突出且逻辑严谨，学生不产生新的疑问。去掉可有可无的举例、证明，案例尽量精且简，力求论据准确和有力。内容主干的讲解形式应该多样，依据课程知识点的特点，可以用问题启发式、案例讲解式、故事隐喻、正反对比等技巧，在短短几分钟的讲解中，吸引学生保持注意力。

第三，总结收尾快捷。总结作为内容讲解后迅速开展的一项重要工作，可以帮助学生梳理脉络、查缺补漏、加深记忆，也给学生一定的时间吸收新知识，与已有的知识经验相结合。好的总结往往一针见血、富有特色、简洁新颖，在课程中起到画龙点睛的功效。

第四，提供测试题和布置作业。总结后提供经典例题的讲解，抽象的理论需要实践经验的基础。这一部分，可以让学生在解决问题的过程中，将内容讲解和总结过程中不能完全消化的部分再次加工和认知。这部分是否存在或具体比重，可以根据实际情况而定。教师可以通过布置作业，让学生课下练习。利用云端一体化平台，师生的作业检查、讲解、答疑等过程均可以延续。

（3）教学语言设计

在微视频的拍摄过程中，由于节奏较快，教师往往不能很好地控制讲解时间，所以提前设计好解说词、讲解结构就尤其必要。教学语言力求精简、明确，富有感染力，最好多用手势、表情。对于重点和难点内容，将关键词提取出来，在实际讲解中要紧密联系关键词逐条展开。

在认知型微课程的教学中，教学语言要注重对关键词、关键原理的复述。依照认知心理学原理，短时记忆经过精细复述可以转化为比较牢靠的长时记忆。在情感型微课程的教学中，要注意用词恰当，将语言的情感与课程情感态度培养方向调整一致，用富有感染力的语言向学生传达思想和价值观。在技能型微课程中，教师的操作动作与语言紧密结合，教学语言要客观明确，准确客观地描述每一个动作和步骤。

（4）辅助内容设计

微视频是微课程的核心资源，除此之外还应有辅助性内容资源支撑和完善课程。辅助内容从微视频的内容关系上可分为支持性内容、外延性内容、平行性内容。这些辅助性资源，可以以视频、图文、链接等方式给出。

支持性内容是指对课程内容本身的知识点进行逻辑支持、例证支持、基础理论支持、经典问题解决过程支持的支撑性材料。因为微视频时间较短，例证部分、例题讲解部分也力求精简，所以有些内容可以作为支持性内容存放在微课程资源包内。

外延性内容是与课程内容紧密相关的延展性知识。依照最近发展区理论和个性化学习理论，学生在完成课程内容主题学习以后，可以对自己感兴趣的知识进行广度和深度上的进一步探寻。这种探寻基于兴趣、情感等内驱力，效果极佳。同时，通过外延性内容提供的接口，微课可以以超过课程结构的方式与其他微课产生连接。

平行性内容主要是与课程在逻辑深度上平行的知识点。这些知识点不存在于课本教材，也不是根植于微课内容的知识拓展或实践拓展，而是保有更强的独立性和开放性。

（5）设计教学交互

基于云平台的微课程，可以依托平台一体化的优势构建便捷、强大的师生交互。微课建设的主题不应仅仅是资源建设，更应该将微课程的建设与平台建设相结合。

第一，学习专题设计。研究性学习是素质教育的一项重要内容，主要以学习专题的形式开展，培养学生创新意识和能力、学科间相互渗透的能力、合作的意识与能力。微课程的知识单元目标比较单一，在微课程实施过程中，可以以一节或几节微课程的主题为基础，提炼出一项研究性学习专题。微课平台提供了学习专题模块，该模块可以很好地承载学习专题的开展。

设计专题可以通过云平台通知模块发布专题任务通知，包括专题题目、专题目标、专题实施计划、学习小组分配、专题时间表、专题成果展示及验收评价等。专题题目基于一节微课程或几节围绕一个主题展开的微课程，具体表现形式为一个实际待解决的问题、一篇文献综述的要求、一次实验的设计等。

第二，教学问答设计。微课程教学方式以学生为中心构建资源环境，突出学生主体性、培养学生自主学习的能力。但是就目前微课程实施状况看来，微课程师生互动存在不足。微课程可以利用云平台的教学问答系统，增强师生之间的互动。同时，针对问答系统出现人气不旺、提问积极性不高的情况，师生都要有意识地加强问答系统的使用积极性，发挥问答系统的价值。

第三，实践活动设计。微课程通常以微视频为核心，但其半结构化的特点，使单节微课也可以有其他的组织形式。例如，有些以实践为目标的课程单元，需要开展教学活动才能更好地达成目标。微课程可以采用两种策略，一种是实践演示法、虚拟实践法，通过微视频对标准实践步骤、实践现象、实践要点、实践细节、评价标准等进行讲解或示范，或通过虚拟软件及课件让学生在虚拟环境下实践操作，例如用 Flash 软件做虚拟化学实验。另一种是将微视频作为辅助资源，将活动方案作为当前微课的核心资源，微视频只作为活动范例展示活动要点。解释活动原理和合理性活动方案设计则要尽量精简，直指当前微课的目标。

（二）视频开发制作方式与工具使用

微视频开发制作方式灵活多样且技术入门门槛低，教师可以利用身边的工具进行微视频的制作。常见的微视频制作基本方式主要有利用电子设备终端录屏软件录课、利用录像设备录课。

1.PPT+ 解说词 + 录课软件

第一，准备课程 PPT 和解说词。PPT 为画面的主要呈现方式，为教师提供授课逻辑与音画展示。PPT 要求尽量简洁、美观，切忌华而不实。PPT 设计应合理，单页内容不宜过多。学生在读取较难或内容较多的 PPT 时，如果需要经常暂停视频，那么虽然微课程时间长度被限制在 10 分钟左右，学生实际花费时间更长，这背离了微课程的初衷。教师不能直接把课堂 PPT 拿来用，需要适当修改。解说词最好提前做设计，不一定逐字逐句地设计，但一定要列好提纲、把握好重难点和分配一下时长。

第二，准备录课软件。常见的电子设备终端录课软件有 Camtasia Studio、屏幕录像大师、BBFlashback 等。这些软件功能强大，且操作简单，教师经过简单培训即可上手。录制视频的常见分辨率一般有 720×576、1024×768、1280×800，帧速率不超过 25FPS，录制颜色最好设置为 16 位（bit），保存格式为常见的 mpg、wmv、avi 等为宜。

第三，后期剪辑。后期剪辑的目的主要是去掉录制时的错误内容、删掉重复内容及语病、修饰不清晰的音频、适当的特效包装技术等。微课程的剪辑区别于电影电视的节目剪辑，主要剪辑目标是清晰、完整地呈现教学内容。所以，微视频在画面取舍上，不拘束于画面的连续与完美衔接，但要尽量保证授课过程流畅，不产生歧义。

2. 绘图板 + 电子白板软件 + 解说词 + 录课软件

绘图板 + 电子白板软件 + 解说词 + 录课软件的方式在录课软件和后期剪辑环节要求与方案基本一致，其特点是主要呈现工具为绘图板。绘图板结合电脑端的绘图软件或电子白板软件，教师可以实现手写教学板书的功能。常见的绘图软件或电子白板软件有 Photoshop、painter、Eduffice 等，教师可以经过短期培训，快速掌握与课程相关的软件操作技巧。这种方案非常有利于推理证明过程和复杂关系的呈现，教师自由度高且类似于课堂黑板板书。一些图片、音频、视频、实物等教学元素，可以在录课过程中借助其他软件呈现，也可以放置到后期进行剪辑。

3. 纸笔 / 电子白板 / 液晶屏幕 / 抠像技术 + 摄像机

纸笔 / 电子白板 / 液晶屏幕 / 抠像技术 + 摄像机的录课方式这种方案成本较高，制作周期也较长，适合在学校有计划、有目的的微课程建设中开展。电子白板、交互式液晶屏有极强的交互特性，可以直接持笔书写，展示多媒体文件，是比较理想的展示平台，但是成本比较高。投影仪和液晶屏幕可以用来呈现 PPS、多媒体文件，成本相对低廉。也可以利用抠像技术，制作人员在绿背景或蓝背景下先前期采集，然后利用后期软件去掉背景色，添加动态背景、知识要点、音画资源。摄像机采用单机位即可，拍摄过程由专门的拍摄人员负责，教师可以不用理会具体参数细节。

4. 课堂实录 + 双机位

课堂实录一般有很强的即视感，师生互动比较多，容易让观看微视频的学生产生身临其境之感。同时，真实课堂上教师细小的肢体语言和表情都会被记录下来，现场录制可以让学生获得更多隐性信息。课堂实录的优势在于记录了师生互动，所以如果只有单机位就会很难操控，建议采用双机位录制，同步录制教师讲解和学生学习提问。同时，这种微视频制作方式可以是录制现实的课堂环境，也可以是录制专门搭建的微课程环境。

三、微课平台建设

（一）微课平台的构建

1.页面风格设计

微课网站界面的设计应当以简洁、美观为主，色彩、文字、图片、视频的使用风格要统一，排列清晰有序。网站页面以浅色为主，营造轻松、舒适的页面感受。

2.系统功能结构的建立

网站功能模块主要包括网站帮助系统、资源中心、论坛、检索系统、后台管理五大模块。

网站的帮助系统主要包括网站使用说明、资源上传规范说明、留言板和论坛板块使用说明，同时提供系统留言板，支持匿名留言，解答用户使用中的疑难问题，帮助系统和用户有效操作微课资源网站。

微课资源中心是微课资源网站建设的核心。对资源中心的资源分类依据课程进行划分，这样有助于学生迅速查找相关课程资源。同时，在论坛模块以同样的方式划分论坛板块，与资源中心相呼应，并将注册用户的操作信息同步发布。例如，在资源中心上传资源后，会在论坛相应板块自动发布一条带有超级链接的该用户；上传资源的帖子；推荐与评价功能，同时通过设置注册用户的角色信息，实现对注册用户的个性化资源推送功能。

资源的功能包括：①资源订阅功能，通过 XML 语言实现资源库对不同需求的注册用户个性化推送。一旦网络上传了用户订阅的偏好资源，系统即可以向用户以短信、邮件的形式直接向用户推送该资源。②资源收藏功能为注册用户提供网络在线资源收藏功能。用户对自己上传、下载或喜爱的资源，可以直接分类保存在用户网络收藏夹中，以便于用户管理自己的学习资源。③资源的检索功能分为分类检索和综合检索。分类检索是用户可以依据资源的专业、年级、学院属性直接进行检索；综合检索中，可以实现以标题、关键字、专业和作者等数据的核心资源属性进行检索。④资源评价功能可以实现用户对微课资源的评分、评论，评分结果计入系统推荐功能模块，在首页实现对资源的评分排序推荐。⑤论坛功能为用户提供交流的平台，论坛板块分类与资源中心的资源分类同步，当资源中心注册用户上传相关资源后，在论坛相应板块也会直接新建帖子，提供该上传资源的链接地址。同时，论坛可以实现与QQ账号绑定，个人发言信息可以在微博同步广播。注册教师用户可以根据教学的需求，向管理员申请新建课程讨论板块，在板块内讨论的内容，教师有权进行审查、删除。⑥后台管理模块可以对网站的所有上传资源、论坛、网站注册用户进行管理，并且可以实现对注册用户网络学习行为的统计，包括注册用户在线时长、发帖频率、资源上传与下载频率等，并以报表的形式呈现给后台管理员。在网站管理模块中，管理人员的角色划分为网站管理员、教师、学生三个不同权限的组。

（二）用户角色权限的建设

根据微课网站的使用对象，将网站用户分为四类，即教师、学生、匿名用户、网站管理员，具体权限如下。

第一，匿名用户权限包括检索、查询、获取资源，可以对访问的资源进行留言评价，还可以通过网站留言板获得支持。

第二，学生注册用户除了拥有匿名用户的权限外，还拥有以下权限：①资源管理权限。资源的上传与下载，对自己上传的资源进行再编辑，包括查看、删除、修改；对喜爱的资源进行收藏、订阅。②论坛权限。用户基本信息维护，参与论坛讨论，申请加入特定教师课程讨论组，向论坛注册用户发送站内短消息，留言版块留言。

第三，教师注册用户除了拥有学生用户的所有权限之外，在资源与论坛权限方面还拥有以下特权：①资源管理权限。教师可以对相关类目下的微课资源进行管理，包括对该网站相关资源进行查看、删除、修改、上传与评价。②论坛权限。教师有权申请设立独立的课程讨论板块，并有权新建用户组，对该用户组学生用户进行管理。例如，教师能够为新建用户组的学生发放学习资料、发送群组消息、推荐资源、管理组内学生上传内容、查看学生网络学习行为的统计信息，包括学生上网时长、逗留板块、发言频次等。

第四，网站管理员对用户的管理包括添加、删除、修改学生和教师用户的信息与权限。对网站资源的管理，包括对资源入库的审核，资源的编辑、删除；对论坛的全面管理，包括帖子审核、屏蔽、删除、修改；同时也可以查看整个网站注册用户的网络行为统计信息（包括登录次数、在线时长、发言频次、登录板块分布等）。

（三）微课网站运行流程

教师可以充分使用微课网站辅助课堂教学，在课堂教学开始之前，教师可以首先通过微课资源网站发布课程相关信息，包括使用论坛专属板块、教师个人微博、邮件推送等方式，向班级学生提供课程资料（包括微课视频、教学课件、讲稿等）布置课程任务、提出讨论主题，学生及时参与互动，自由上传搜集来的各种课程相关资源，由教师审核后发布至网站，为课堂教学的展开打好基础。在课堂教学过程中，学生依据自学的网络课程资源与讨论主题，在课堂上与教师展开互动，依据网站平台的学生网络学习行为统计信息，对已经参与网络学习讨论的学生，直接回答其学习疑惑；对未进行网络学习的学生，引入新课，讲解要点，布置任务，督促学习，有针对性地区别辅导。课后，再次通过微课资源网站，汇总讨论问题，上传新课任务。

学生在课前通过微课资源网站，自主学习教师布置的新课任务，收集学习各类课程相关资源，并将自己认为较好的资源上传至微课网站，提交教师审核。同时整理学习疑问，在课堂上集中与教师和同学讨论，课后再通过微课资源网站发帖或向教师发邮件解决遗留问题，接收教师新课内容，开始下一单元的学习。

四、高校微课教学实践活动的应用

（一）微课在教学实践活动中应用的原则

微课是借助先进的信息技术和网络平台实现的，其积极作用不能低估。它表现在优质资源共享和自学的灵活性上。

1. 吸引原则

教师所开发的微课要能对消费者——学生形成一定的吸引力。要想让微课成为资源建设的一支生力军，作为微课开发者，一定要站在学生的角度来下功夫。这方面可以从微课的易学性和趣味性上做文章，所开发的微课应该使消费者流连忘返，教师要放下开发者的骄傲姿态，使得开发的微课符合学生的认知特点。只有消费者不停地反复点击观看，才能发挥出这种学习资源的效力，使学生满载而归。

2. 效用原则

教师开发的微课要在保证微小的前提下，使学生觉得这些微小的学习资源有用。微课开发者不要在一些没有教育或者学习价值，但是做起来表面漂亮的资源上做文章，这是一切微课都要参照的原则。

3.灵活原则

微课被引入课程教学的过程中，可以是在课前、课中或者课后等节点灵活应用。在课前，学生个体自主学习微课，预先了解授课内容，便于师生在课堂上探讨问题，直至学生掌握该知识点或技能。在课中应用微课，教师将微课当作纯粹的教学资源。在教学需要时，集中播放给学生观看，帮助学生更加形象和直观地理解重难点知识。在课后应用微课，为学生提供可以反复学习的课程视频，保证每一个学生都能掌握课堂知识。这种方式能够帮助学生自主补习，反复学习，直到学会为止。

4.反馈原则

微课开发、应用与交流共享之后，需要对微课程进行多元评价和微课程的教学与应用评价，为接下来微课程内容的设计与开发提供指导和参考意见。教育评价、多元评价等评价方法都可以用于微课程的评价，及时的评价与教学反思可以促进优秀微课的开发与共享。

（二）微课教学实践活动的标准

1.微课应符合课程教学大纲要求

微课内容要与教学内容相匹配，反映教学重点、难点或关键知识点。微课要有一定的思想性、启发性和引导性，具有很好的辅助教学效果。微课要表述准确，无科学性、知识性、文字性错误。微课的教学目标不能超过教学大纲的要求，不能包括过多的教学内容，要符合课程要求及专业教学标准，符合学生的认知能力和水平。微课整体设计要新颖且有创意，具有较大的推广价值。

2.微课应符合学生的学习心理

微课应减少学生的学习时间，提高学生的学习信心和兴趣，创造良好的学习情境。微课的内容要难易适中，深入浅出，适于相应认知水平的学生。有利于激发学生学习热情，有利于学生对学习内容的理解，注重能力培养，注重学生的素质教育。微课应注重教学互动，能起到启发学生思考、激发学生主动学习的效果。

3.微课应表现教师的教学艺术和教学风格

教师教学语言规范、清晰、准确、简明。教师仪表得当，严守职业规范，能展现良好的教学风貌和个人魅力。微课教学应有创意，能充分表现教师的教学技能。

4.微课应提供完整的教学资源

除了微课本身要有主题明确的微课程名称、片头、内容、片尾、字幕等完整的媒体文件外，微课的开发者应提供教学设计、教学课件、学生作业等其他教学资源。

5.微课教学实践对多媒体的要求

（1）视频技术要求

微课一般采用流媒体格式。微课码流在128kbps~2Mbps、帧速≥25FPS，电脑屏幕颜色设置为16位。微课启动时间要短，片头设计一目了然，进入主题快捷。微课应插入一定的字幕，一是解决教师语言表达和视频表达的难点问题；二是用文字加强对学生知识的记忆。微课进程节奏要快，片头和片尾要简短，主题部分要丰满，镜头切换和"蒙太奇"手法运用合理。视频素材不应有抖动或镜头焦距不准的情况，镜头推拉要稳定，要保证主体的亮度。背景音乐和解说要清晰，解说要用普通话，音量和混响时间适当，音乐体裁与内容要协调。微课播放时要稳定性好、容错性好、安全性好、无意外中断、无链接错误。要使其操作方便、灵活，交互性强，人机界面简洁。

（2）动画技术要求

除与视频技术要求相似外，动画中的配色方案要协调，颜色不夸张，不暗淡。用二维空间表现的立体层次分明，进场和出场前后顺序不能颠倒，动画运动速度合理，视觉不应产生错觉。动画中的字幕规范，字号不宜过大或过小，字体运用合理，字幕不宜过多，以防干扰学生的注意力。动画所演示的概念、原理、结构及其他信息不应使学生理解错误或误会。动画设计应有必要的交互和链接，播放时尽量不用特殊的插件。

（3）课件技术要求

课件中文字大小应符合人体工程学的要求，文字配色要与课件配色方案相符合，每个幻灯片中的文字不宜过多，只能用提纲式的文字，不能用过多的文字来代替教学内容。图形或图像应采用JPG、GIF、PNG等常用格式，彩色图像的颜色数不少于256色，对色彩要求较高的图像建议使用全真彩，灰度图像的灰度级不低于128级，合理使用照片和剪贴画，照片不宜占满屏幕。课件应尽可能利用图片、图表、表格、流程图、双向表、插画等。课件中动画效果不宜过多、过杂，避免转移学生的注意力。

（4）艺术性标准

微课界面布局要合理、新颖、活泼、有创意、整体风格统一、色彩搭配协调、效果好，符合视觉心理。在构图上要合理组织画面，合理分割画面，主体元素突出。在色彩设计上要处理好对比与协调、变化与统一的关系。颜色不宜过多、过杂，在统一的色调中寻求变化。文字要简明扼要，纲要突出，字体、字号和字形要与微课协调，不使用繁体字或变形字。视频拍摄的角度、视距和镜头推拉要合理，主体、光照条件和背景亮度要协调好。解说、背景音乐和音响效果要搭配好，并与视频或动画主体的时间合拍，不得相互干扰。

（三）微课应用的范围

1. 适于教师在备课时借鉴学习

通过微课可以募集到许多优秀教师的讲课课件，这些优秀教师对课程标准的理解、对教材的分析、对课堂教学的设计是难得的课程资源。如果教师在备课时能学习、借鉴这些优秀资源，一方面会提高个人的专业素养；另一方面可以直接借鉴学习，提高自己的教学水平。

2. 适于学生的课后复习

根据德国心理学家艾宾浩斯的遗忘规律，学生在课堂上学得再扎实，过后不复习也会遗忘。学生在复习时如果能够观看老师的微视频，会加深自己对教材的理解，会重现老师讲课的情景，激活记忆的细胞，提高复习的效果。所以，老师在课后可以把自己的微视频放到网络上，供学生复习时参考。

3. 适于缺课学生的补课和异地学习

有些学生因病因事缺课，过后找教师补课，一是教师不可能有时间及时给学生补课；二是教师补课时也不会完全像在课堂上讲课那么具体。有了微视频，学生即使在外地，也可以通过网络下载教师的微课自学，及时补上所缺的课程，使"固定学习"变为"移动学习"。笔记本电脑、平板电脑、智能手机已经普及，携带方便，这些移动终端设备都能实现移动学习。

4. 适于假期学生的自学

学生每年的寒暑假时间都比较长，除了参加一些必要的社会实践活动外，有些学生会预习和复习课堂学习的内容。如果教师能够根据学生的需求先录制一些微课帮助学生预习或复习，能够提高学生的自学效果。当然，用于预习的视频要区别于教师讲课的视频。

（四）微课教学实践活动的策略

微课作为一个新事物，需要综合考虑学科特点、知识类型、学生特征等影响因素，其在教学实践中的效果也需进一步探索。

1. 微课教学应突破传统教学

微课教学不必遵循传统教学线性的设计过程，它可以是一个动态的、网状的、循序渐进的、形散而神不散的教与学的过程。一个完美的教学过程应体现出控制性和释放性的统一。因此，微课应突破传统教学，做到教师教学与学生学习"学教并重"的统一步调，"以教师为主导，学生为主体"的"双主结合"，从而实现学生、教师、微课和技术四个实体要素动态交互的过程。

2. 微课教学应打破等同于微视频教学的思想偏见

有很多教育工作者片面地认为，微课等同于包含某个知识点或者教学环节的微视频。其实不然，微课不仅包含微视频，也包括音频及多媒体文件的形式，同时还包含与教学主题相关的教学设计、素材课件、教学反思、练习测试及学生反馈、教学点评等教学支持资源。微课在教学实践中，应注重的是利用信息技术手段与某个知识点或教学环节进行深度融合，而不是拘泥于信息技术媒介的外在表现形式。

3. 微课教学应注重时间与空间的连续与统一

微课为符合学生的视觉驻留规律及其认知特点，将教学内容以片段化的方式呈现，虽有助于学生的深度学习，但碎片化的知识给课堂内容的统一、系统化整合带来了巨大的挑战。因此，微课的设计并不是对课堂教学内容进行切割，而是对课程中所出现的重点、疑点、难点进行精心的信息化教学设计，确定好时间单元；在保持知识相对独立性的同时，又与实际教学内容的整体性相联系。此外，学生应有效地使用教学支持工具，充分利用零散时间开展移动学习，做到课内正式学习与课外非正式学习的统一与连续。

4. 微课教学应实证应用于具体的教学情境

微课教学是否科学，应用效果如何，不是通过简单理论归因、专家评判就能得出的，而是需要将其应用到具体的教学情境中，对教与学的环境、条件、因素等方面开展实证研究，才能更加科学、客观地设计、开发以及实施微课，从而提高学生的学习效果。因此，微课教学应用要注意以下三个方面。

（1）要与常规课程相结合。

微课是对重点、难点或某个知识的解释，是常规课程的有益补充，使用时必须与课程相结合。

（2）要与课程特色相结合。

微课表现的内容必须体现课程的特色，用微课作为课程的名片。

（3）要与学生的学习兴趣相结合。

将学生感兴趣、关注的知识内容用微课展示出来，这样才能吸引学生，获得好的学习效果。

在微课教学过程中，教师必须学习先进的教育理念，提升学科专业水平，强调以生为本的思想，掌握信息技术的手段。因此，针对微课教学，应注意以下的要求。

第一，把握课程知识。微课的制作常常需要教师打破原有的知识结构和教学体系，重组教学内容，因此需要教师将教学内容烂熟于心，能够信手拈来，有高度的知识驾驭能力。

第二，谙熟教学技巧。怎样在很短的时间内将知识讲解清楚，这需要教师有非常娴熟的教学技巧，能够熟练运用各种教学工具与方法，掌握教学过程中的每一个环节。

第三，变革教学模式。在教学实践中使用微课，需要变革原有的教学模式，比如采取翻转课堂等方式，充分发挥微课的作用。因此，教师要有变革教学的勇气，敢于开展教学改革。

第四，了解学生需求。微课是以学生为主体体现学生的学习需求。因此，教师需要换位思考，充分理解和思考学生在学习过程中的各种问题与需求。

第五，追求教书育人。教师是园丁，不仅传播知识，还要教书育人。微课可以将点滴的教育思想和为人处世的原则潜移默化地传播给学生，起到传统课堂说教达不到的效果。因此，教师在利用微课传递知识的同时，要尽量融入育人和文化内涵。

（五）微课教学实践活动的评价

1.教学实践活动的评价方法

教学评价的方法是指评价者为了实现教学评价的目的所采用的活动方式、程序和手段，教学评价方法种类繁多，教学活动的每一方面，如教师的课堂教学、课外辅导、教学成绩，学生的学业成就、劳动技能、思想品德等，都需要有特定方法进行评价。

（1）相对评价法。

相对评价法是在评价对象的集合中选取一个或若干个作为基准，然后把各个评价对象与基准进行比较的评价方法。相对评价法的优点是适应性强、应用面广，不管这个团体状况如何，都可以进行比较，评价出个体在集体中的相对位置。用建立在对象评价、对象群体测评基础之上的标准进行评价，发现个别差异，从而对被评个体做出较为客观、公正和确切的判断，有利于激发评价对象的竞争意识。相对评价法的缺点是评选出来的优秀者未必真正高水平、高质量，未被选上的也不一定水平低，所以容易降低客观标准。评价的结果所反映的只是评价对象在一定范围内的相对位置，不一定反映他们的实际水平，易忽视教育目标的完成情况。

（2）绝对评价法。

绝对评价法是在被评价对象的集合以外确定一个客观标准，将评价对象与这一客观标准相比较，以判断其所处水平的评价方法。绝对评价的特点：①标准明确客观，与被评群体相对独立，而且在测量评价之前就已确定。②评价结论是通过将被评的实际水平与客观标准直接比较而得到的，不依赖被评所在群体的状态水平。③评价结果得分的分布情况，事先不做硬性规定，不强行把被评的距离拉开，不要求必须分出上、中、下的等级，而是希望达标者越多越好。

（3）个体差异评价法。

个体差异评价法是以被评价对象自身某一时期的发展水平为标准，判断其发展状况的评价方法。

个体差异评价法最大的优点是充分体现了尊重个体差异的因材施教原则，并适当减轻了被评价对象的压力。但由于评价本身缺乏客观标准，不易给被评价对象提供明确的目标，难以发挥评价的应有功能。

（4）自我评价法。

被评对象依据评价标准对自身所做的评定和价值判断称为自我评价。在教学评价中，学生对自己的思想品德、知识、能力、身体状况等评价，教师对自己的教学思想、内容、方法、态度、效果等评价，学校对自身的教学管理、教学质量的评价等，都是自我评价在教学评价中的具体体现。

（5）外部评价法。

外部评价又被称为他人评价，是指被评对象以外的组织或个人依据评价标准对被评者所实施的评价活动，它主要包括同学之间的评价、教师对学生的评价、教师间的评价、领导评价等。外部评价是教学评价的重要形式与方法。只有科学、客观地进行他评，才能更好地发挥教学评价的鉴定作用，更好地发挥其激励功能，促进被评者改进工作，健康发展。

2.微课教学实践活动的评价原则

根据教学评价的含义和方法，结合微课的功能与特征，应该在微课教学评价的原则上注意以下几个方面。

第一，科学性原则，主要包括：①基本概念、定理、定义、公式的描述准确，例证真实可靠。②分析、推理和论述严谨，实证步骤正确。③解说精确、术语规范、文字符号准确。

第二，教育性原则，主要包括：①符合教育方针，教学目标明确，对学生掌握知识、发展能力起到促进作用。②理论联系实际，取材适当，有针对性，选题突出重点、突破难点。③符合教学原理和认知规律，分析推理深入浅出，富有启发性，形象直观，能使过于理性的知识感性化、抽象的知识形象化、枯燥的知识趣味化、深奥的知识通俗化。④形象生动，能充分调动学生的视觉、感觉、听觉等多种器官，便于学习和记忆，能有效提高学习的效率。

第三，实用性原则，主要包括：①操作简单，容错能力强，界面良好。②选题科学合理，内容选择恰当。③能够切实提高学生的学习效率，有利于加强学生对知识的理解和掌握。

第四，艺术性原则，主要包括：①创意新颖，构思巧妙，节奏合理，具有表现力和感染力。②画面美观流畅，切换过渡自然，整体设计合理，画面突出主题，表达能力强。③声音清晰，无杂音，配合文字、图片，能调动人的各种感官。

第五，技术性原则，主要包括：①图像、声音、文本设计合理，画面清晰，字幕清楚。②声像同步，音量适当。③课程可以跨平台使用，安全可靠，不受错误操作影响，容错能力强，在不同配置的计算机上运行无障碍。

3.微课教学实践活动的评价策略

由于微课评价指标的角度不同，所以每个评审标准会略有不同，但其评价策略却是相似的。

（1）采取定量评价与定性评价相结合的方法。

评价体系过分地量化，容易将一些无法量化的内容排除在外，从而影响评价结果的真实、可靠。因此，应采取定性与定量评价相结合的方式，搜集全面、有效的数据进行评价，提高评价结果的可靠性与可比性。

（2）创建一套完善的评价反馈体系。

评价反馈对于准确、清晰地认识微课的建设与使用情况具有重要的意义，同时有利于帮助开发者及时发现存在的问题和不足，提高微课的效益。评价反馈体系的创建，应该充分发挥专家小组和网络评价的意见。

（3）统计加权法设定指标的权重。

通过统计加权法设定指标的权重，以最大限度地减少评价的随意性，使评价更加科学合理。加权不仅可以显示某些指标在评价体系中的重要程度，而且是评价指标体系取得可比性和客观性的基本保证。

（4）从微课自身特点出发，形成立体化的评价体系。

根据微课的特点，从内容到形式，形成一个立体、全面的评价体系。在教学评价中，注重教学效果的总体评价、学生评价、同行评价等方面的同时，要更加重视对学生自身的评价以及同伴的评价，进而实现多方位、多角度的教与学的评价，保障人才培养质量。

（5）采用评价反馈再评价的方法。

教学评价本身就是一个循环往复的过程，对前次评价的结果进行分析，实际上就是对上一轮评价进行一个全过程的检验，从而为下一次评价提供有效的信息。

第五章 高等教育的管理创新

第一节 高等教育管理创新的意义

一、高等教育管理创新是促使高校更好地适应高校发展面临形势的需要

从目前来看，高等教育所面临的国内及国际形势均处在一个深刻变革的时期，从国际环境来看，经济全球化不断深化，高等教育的开放程度越来越高，在这样的大环境之下，不管是我国国内的高等教育还是国外的高等教育事业均面临着空前的挑战和机遇。在当前的形势之下，已经有相当一部分高校开始对学生实施竞争录取，因此高校要想加强自身的竞争录取实力，就必须要加强教育管理。

从我国的国内形势来看，我国为了能够在日趋激烈的国际竞争中立足，在结合我国社会主义建设的实际情况的基础上，提出了建设创新型国家、构建和谐社会等战略任务。然而要想实现这一战略任务，从本质上来说是需要大量的人才的，这就需要高校源源不断地给各个岗位输送人才。而人才的培养又有赖于高校有效的教育管理，但是我国现行的高等教育管理已经无法满足创新型人才培养的要求，因此，高等教育管理创新迫在眉睫。高等教育管理创新是解决创新型人才培养与现行高等教育管理之间不相适应的矛盾的根本所在，也是高校在当前所面临的发展形势之下所必须要进行的。

二、高等教育管理创新是促使高校更好地适应高等教育改革和自身发展的需要

高等教育自 20 世纪 90 年代改革以来，得到了空前的发展。但是随着当前高等教育的不断深化发展，高等教育一直以来沿用的教育管理已经无法适应当前形势下高校

的进一步深化发展和进一步教育改革的需求。目前高校扩招已经成为各大高校的一个普遍现象。

高校的普遍扩招促进了高等教育的大众化程度。在高等教育大众化程度提升的影响之下，使得能够接受高等教育的人越来越多，对于提高国民整体素质是非常有益的。但与此同时，值得注意的是，伴随着高校的不断扩招，其办学规模也随之不断扩大，在这一过程中教职员工的数量和学生的数量出现了激增。在高校教学规模、师生数量不断扩大的同时，高等教育管理却没有加快创新脚步，其发展速度远远不及高校教学规模、师生数量的增长速度，因此导致二者之间无法相互适应和满足。高校扩招过程中，在教学规模、师生数量增长的同时，其教育改革也是一项非常重要的工作。而在这一过程中，高校的教学改革也先教育管理创新一步，因此高等教育管理的创新势在必行。只有大力推进高等教育管理创新，才能够使高校更好地适应高等教育改革和自身发展的需求。

三、高等教育管理创新是解决以往高校教育管理中存在问题的需求

传统的高等教育管理发展至今逐渐显露出一些弊端，已无法满足目前高等教育事业发展的需求，主要表现在以下几个方面。

其一是高等教育管理的观念比较落后，这一不足之处主要体现在执行过程中，在遇到高等教育管理问题时，习惯于按照传统的经验和管理方式进行处理和解决，而不是以发展的眼光看待问题、以创新的思维解决问题。更有甚者，在遇到一些问题时，宁可采取"只要不出问题就行"的解决方式，也不愿意积极、大胆地进行教育管理创新，以全新的、符合时代要求的教育管理方式来解决问题。这就使得高等教育管理仅仅停留在"管"的层面上，而忽略了为教师、学生提供服务的宗旨，也没有充分地发挥高校工会等各方面的作用，民主化程度不够。

其二是高等教育管理没能够形成一套完整的管理标准和管理制度，这在很大程度上对高等教育的发展造成了阻碍。即使已经形成的一些制度也没能够根据高等教育的实际发展情况做出相应的调整和完善，这就导致高等教育管理在实施过程中缺乏相应的依据和标准，缺乏计划性和程序性，部分管理处在比较混乱的、单纯应付的状态。

其三是高校缺乏对教育管理队伍的优化配置，在绝大多数的高校中都存在着不重

视高等教育管理人才队伍的建设，甚至有些高校将教育管理人员当作"闲人"对待。这种不重视，导致高校缺乏一支专业的、强有力的教育管理团队，从而影响了高校教育管理工作的开展质量和效率。

第二节 高等教育管理创新存在的问题

我国原有的高等教育管理体制，是一种国家集中计划、中央政府各部委和省级政府分别投资办学和直接管理的体制。这种体制形成之初，由于与计划经济体制相适应，且当时高校数量较少，矛盾并不明显。但久而久之，这种体制逐步衍化成条块分割、自成体系、封闭发展的格局，直接导致省级政府和中央部门低水平上重复设置高校和专业，造成教育资源配置的严重不合理，许多学校的规模效益低下，一部分新设学校或专业的教学质量得不到保证。

目前我国高等教育管理现状，无论是高等教育管理体制，还是人们的思想观念；无论是管理队伍和制度建设，还是管理方法和手段都不能适应高等教育面临的挑战，大力推进高等教育管理创新，必须抓紧解决当前高等教育管理存在的以下几个方面的问题。

一、管理理念缺失

综观目前我国高等教育管理的现状，教育管理理念的滞后已成为教育落后的众多因素之根源。在高等教育的属性上，只承认高等教育的公益性，把高等教育当成纯粹的国家事业，从计划招生到教育管理目标、内容、方法等实行政府决定一切，忽略了学校、教师、学生的主体性；在人才培养目标方面，过分强调"专业对口"，导致学生知识面不宽，使培养的人才与科技和生产发展的综合化趋势不相适应；在教育管理过程中，过于注重知识化，不注重个性和自我人格发展，忽视对学生创造力的培养；在管理工作中，不注重"以人为本，不断创新"的管理内涵，把高等教育管理当成行政管理，单纯对教师和学生的进行管理，重管理轻服务，以行政意志支配教学工作的运行，漠视教师和学生的要求；对高等教育管理的目的、任务理解肤浅，对管理和教学的密切关系认识模糊。谋事老套路，处事老经验，办事"老皇历"，不愿意接受新事物，不主动研究新情况，陈旧的管理理念保护了落后的管理方式；缺乏"人本管理"的理念，与教师、学生的沟通交流不足，不利于激发师生的教学热情和内在潜能，把高等教育管理简单地看作执行、传达、归纳、整理的技术性工作，对其管理育人职能重视不够。

二、管理制度缺失

管理制度缺失主要体现在两个层面，从管理制度的内在特性角度来说，一方面，管理制度应充分体现自律和他律的结合，能够最大限度地调动管理主体的积极性和创造性，而现实情况是管理制度往往是上级主管部门旨意的复制品，教育主管部门是高校各种规章制度的"制造厂""加工厂"，脱离各层级管理实体的实际。另一方面，管理制度建设本应是一个动态的过程，而现实状况是管理制度的制定者与制度的实施者分离，管理制度的建设缺少一个制定者与实施者之间的良性互动机制。教育管理体制僵化主要表现在：一是高等教育管理机构大多比照政府的行政模式设置，运行机制也类似于政府部门，按照政府部门的指示和要求规划人才培养目标。二是办学目标上没有摆脱精英教育的思想束缚，无论是研究型大学、教研型大学还是教学型大学、应用型大学都追求规模大、专业全，课程体系、教学内容的设计没有考虑高校自身的实际情况，人才培养模式千校一面。三是管理制度过于刚性，对教师教学计划、课程安排、教学方式、考核要求等管理统一性、指令性有余，个性化、自主化不足。四是教学管理的评价指标和评价标准陈旧，缺乏对教师教学创新和学生学习创新的激励，教育教学效率低。

三、管理队伍缺失

管理队伍是管理的主体，其政治素质、知识水平和科学管理能力的高低，对于高等教育的发展起着举足轻重的作用。目前管理队伍建设缺失主要表现在：一是用人机制不完善。在教育管理活动的实施过程中，由于缺乏较为完善的用人机制和淘汰机制，管理主体往往能级不符，能人提不上来，庸人沉不下去，加上对管理队伍的重视不够，降格以求，导致了冗员堆积，严重制约了管理主体潜能的发挥。二是管理思维定式陈旧。由于长期以来，把高等教育管理单纯地作为行政管理工作，工作人员遵循"行政服从，执行照办"的工作方法，这从根本上扼制了管理人员的创新意识。三是重使用轻培养提高。尽管目前已注重把懂教育善管理的优秀人才选拔和充实到管理岗位上，但往往忽略对现有管理人员的文化素质和创新能力的提高，导致了管理队伍的整体素质不高，管理工作水平偏低。

四、管理方法落后

在高等教育管理方法上，缺乏系统的理论指导，形式和手段单一落后。习惯凭传统经验发布各种指令，管理中见物不见人，机械地依靠各种所谓规范化、标准化的规章制度实施管理，忽视人在教育管理中的主体地位，没有充分发挥专家和教师在学校管理中的主人翁作用。

第三节　高等教育管理创新面临的挑战

有人说，新经济是以科技为燃料，以创业精神和创新为动力的经济。对高等教育而言，目前的经济时代所直面的挑战来自两个方面。一方面，社会经济的可持续发展对高等教育提出了新的发展要求。另一方面，高等教育产业内部包括高等教育管理在内的诸多环节出现现实的、必然的变革要求。而后者正是本文重点探讨的问题。

笔者认为，在目前的经济时代下，高等教育管理面临的挑战主要表现在以下几点。

第一，经济全球化进程加快，随着西方教育的进入和我国文化服务业的逐步开放，我国高校的政治思想教育面临着严峻的考验。而高等教育的政治功能的实现，高等教育目的的达到，甚至高等教育事业的成败得失都要求高等教育管理者必须在如何行之有效地进行政治思想教育问题上交出一份满意的答卷。

第二，在追求最佳社会效益与经济效益的过程中，如何根据市场的供需状况，科学、合理地配置有限的高等教育资源是高等教育管理面临的重大课题。

第三，经济时代是竞争的时代，但不排除合作。因此，经济时代高等教育人才培养目标的确立，应着重体现对学生国际理解、竞争和合作意识的培养。如何使学生在继承传统文化的同时，注重吸收多元文化是高等教育管理必须深思的问题。

第四，经济时代知识更新的速度给人以始料未及之感，给高校在教学管理实践中提出了新的问题。教学管理的改革绝不仅意味着教学内容的更新，更应注重教学的整体育人功能的发挥和适应社会、经济发展的能力的增强。

第五，经济时代对高校的师资队伍建设提出了更高的目标。随着高等教育诸要素的变化，尤其是人才需求状况、教学内容、教学手段等的变化，师资队伍建设过程中不仅要处理好教师的培训问题，更要以新的理念建立一支从规模到结构，从形式到内在素质要求，甚至薪酬管理体系都有别于目前的师资队伍管理的模式，这也是师资管理的难点。

第六，与国际接轨，建立并健全高等教育质量认证制度，建立多元化的高等教育质量评估体系势在必行。经济时代，高等教育专门人才确立了新的就业观，迫切希望在同一起跑线上公平竞争。如何进行高等教育质量管理绝非纸上谈兵。

总之，高等教育管理无论从形式到内容，在当前经济时代都会有新的挑战。如何应对这些挑战，除了政策导向起作用外，高等教育管理创新应是必然的选择。

第四节　高等教育管理创新的必要性

当今世界，高等教育的发展异常迅猛，高等教育思想、教育体制、教育内容、教育手段等无不发生着深刻而巨大的变化。我国高等教育事业要快速、健康持续发展，永葆生机和活力，关键在于不断推进高等教育管理创新。管理实践也表明，没有管理的创新，也就没有管理目标的实现。

一、市场经济的完善要求高等教育管理创新

高等教育管理思想是建立在计划经济体制基础上的，人们往往把学校管理与一般行政组织和经济组织等同起来，习惯于用行政方式来管理学校事务，形成了以行政约束为主导的管理机制，以至于行政权力过于膨胀，学术权力弱化。随着市场经济的不断完善，一元的高等教育体制逐渐被打破，教育行政部门开始转变职能，向高校下放权力，国家对高校的管理由微观管理转向宏观指导，由单纯行政管理转向市场调节和法治管理。高等教育管理要摆脱计划经济的思维模式，主动适应社会主义市场经济就必须要进行创新。

二、知识经济的发展呼唤高等教育管理创新

知识经济的发展取决于高等教育的发展，更赋予了高等教育新的使命。知识经济的发展对传统的高等教育理论提出了挑战，要求它在转变教育观念及思维方式的基础上，实现体制创新、管理创新、技术创新，在遵循高等教育规律的前提下实现高等教育规律与市场作用的有机结合，并与之同步。同时，与知识经济相适应的高等教育，必须是具有自身内在活力机制的高等教育，必须是多种办学模式并存的高等教育，必须是优化资源配置、走内涵发展道路的高等教育。因此，高等教育应当根据经济社会发展的内在要求，选择具体的发展战略和具有特色的教育发展模式，并以此作为高等教育管理改革的根本依据。可见，高等教育管理要适应知识经济的发展，创新是其必然的选择。

三、高等教育大众化需要高等教育管理创新

截至 2023 年 6 月全国高校有 3072 所，在校生有 4430 万人，高等教育毛入学率达到 45.7%，进入了国际公认的大众化教育阶段。高等教育大众化必须以保证教育质量为前提，人才质量是学校教育价值最终的具体体现。影响人才质量最主要、最直接的因素就是学校的教学质量。而规模与质量是高等教育在发展过程中必须面对且必须处理好的问题，没有质量的教育规模再大也毫无意义，而且是巨大的浪费，只讲质量不讲规模的教育，效益必然不高，也很难持续发展。因此，随着高等教育从精英化到大众化，无论是管理思想、管理观念，还是具体的管理体制和管理运行方式，都必须进行调整，甚至要有一个重新定位、重新构划的过程。这就要求高等教育完善管理制度，加强管理创新，在保证质量的前提下，立足于最大限度地满足公众的高等教育需求，以适应高等教育大众化的要求。

四、高等教育国际化促使高等教育管理创新

中国加入 WTO 后，高等教育进入了国际化的时代。一方面，加入 WTO 后，高等教育服务的国际贸易竞争会加剧，高校是否具有国际竞争力成为衡量一所高校的重要标准。另一方面，加入 WTO 后，高等教育在各个方面面临深层次、多角度的开放，国外发达国家的办学理念、管理思想、充足的办学资金、先进的教学内容和教学方法等

如潮水般地大量涌入，国外高等教育机构也会随之向我国提供更多服务，这对我国高等教育发展既是机遇更是挑战。因此，高等教育管理必须加以创新，积极应对高等教育国际化所带来的强烈挑战。

五、高等教育法制化要求高等教育管理创新

全面推进依法治校，是保障高等教育优先发展战略地位，实施科教兴国的重要战略举措。随着高校办学自主权的落实和现代大学制度的建立，政府对大学的管理将更宏观，加强政府的宏观调控，强调高校自主办学，关键就是依法治教、依法管理。近些年，我国大力推进依法行政和依法治教，加快政府职能转变，高等教育依法行政和教育法制建设得到了显著加强。尤其是加入WTO后，我国高等教育进入到整个世界高等教育的大范畴内，由政策性的开放转为制度性的开放，高等教育法制化成为更加迫切的现实需求和选择。随着高等教育的逐步法制化，高等教育管理必须走向创新之路。

六、信息技术快速发展推动高等教育管理创新

随着信息技术的快速发展，计算机信息系统不仅作为信息的储存、加工处理与传输工具，而且在建立科学的决策机制、优化资源配置和组织机构、提高人员素质等高等教育管理活动中扮演着重要角色。对于高等教育来说，信息技术的快速发展，将使整个教育结构呈现出完全不同的面貌。现代信息技术是加速高等教育发展的"特别快车"，实现教育传播和教育管理手段的革命性跃进，它给高等教育管理创新带来了独特的优势和不可能替代的作用，它的广泛应用要求高等教育管理必须不断创新并与之相适应。

七、高等教育的特殊性要求高等教育管理创新

著名经济学家舒尔茨等创立人力资本理论后，教育资源作为人力资本投资，已被列为生产性投资。教育是全局性的、主导性的基础产业的观点已在世界范围取得共识。高等教育生产的是有巨大外部效应的准公共产品，即它不仅对受教育的学生有效益，而且对国家和全社会都有效益。这一特征使得高等教育又有公益事业的特性，因而不能以赢利为目的；但高等教育又为经济建设和社会发展培养高级人才，不可能完全由国家财政包办。基于此，在社会主义市场经济体制下，把高等教育作为一个特殊产业

来开发，在一些院校和领域采取某些市场机制和企业经营机制，如重视产、供、销衔接，重视投入产出，讲求效益，在财政和人事制度上运用适当的竞争机制等，对高校的发展是十分必要的。

第五节 高等教育管理创新的重点内容

21世纪，我国高等教育的改革也正在向更深层次推进，大量的改革和不断出现的新情况、新问题给管理工作提出了诸多挑战，如何适应和服务于高等教育改革的需要，就是高等教育管理寻求创新的突破口。高等教育管理创新从形式上看是多样的，从内容上看，同样多姿多彩。而事实上，高等教育管理创新任何一种表现形式和具体内容，绝不是孤立的。高等教育管理的任何创新都基于国家政策的宏观指导、管理者对高等教育发展现状的客观判断以及对未来发展趋势的科学预测。因而，高等教育管理创新是一个开放的体系。管理创新从形式到内容都要在这一体系中通盘考虑，以达到创新的初衷。笔者认为，高等教育管理创新体系应由下列内容组成。

一、创新教育观念

高等教育事业的改革与发展离不开代表时代精神的教育观念。高等教育事业发展总是离不开观念的创新。高等教育发展战略规划、办学理念等都是观念创新的范畴。只有观念创新，才能管理创新。我国高等教育要与新形势相适应，就必须解放思想，与时俱进，创新教育观念，尽快确立与21世纪我国经济与社会发展需求相适应的教育观。一是树立全面、协调、可持续发展的科学观；二是确立"法治"与"德治"并举的观念；三是确立高等教育国际化的观念。

二、革新管理体制

就高等教育而言，众多高校都面临着非常紧迫的制度创新问题。与传统经济体制相适应的高等教育管理制度虽得到改革，但管理制度的改革深度及广度远未达到适应高等教育事业发展的要求。政府和高校是高等教育管理的两个主体，两者之间要建立良性互动关系。从政府的层面来说，一要简政放权，大力推进依法行政，加快政府职能的转变，清理并减少政府行政性审批，由对高校的直接行政管理转变为主要运用立法、拨款、规划、信息服务、政策指导和必要的行政手段等对高校进行宏观管理，进一步扩大高校的办学自主权。二要积极发展民办高等教育，使办学体制多元化。充分利用社会资源发展民办教育，形成公办教育与民办教育共同发展的格局。从高校的层面来说，一要充分发挥学术组织或学术群体在决策中的作用，积极探索各种使决策科学化的有效形式。二要建立起行政权力与学术权力有机结合的二元结构及其运行机制。三要进一步推进管理重心下移，使分权和授权成为可能和现实，既减轻高层管理者的工作负担，增加高等教育管理中重大决策成功的可能性，又增强基层管理者的积极性、主动性和创新性。

三、坚持"以学生为本"

随着社会和时代的发展，管理的要素日益增多，但管理的第一要素或核心要素始终没有改变，而且越发突显起来，这就是"人"这个要素。在管理理论和实践的发展中，伴随着对人的本性的研究和对人力资源的探究，"以人为本"的理念增加了越来越丰富的内涵，即要唤醒人的主体意识，重视人的价值，发挥人的潜能，激发人的智慧，提升人的素质，促进人的全面发展。高等教育管理的主体、管理的客体、管理的目的都是人，高等教育所承担的是培养中国特色社会主义事业接班人的任务，其在以"人"为"本"的主体取向上出现了二元复合主体——教师与学生。因此，高等教育管理始终要坚持"以人为本"，即办学"以教师为本"，教学"以学生为本"，将管理与服务、管理与育人紧密结合。

四、实行人才战略

要应对日益激烈的国际竞争，就必须极大地增强科技和教育的推动作用，极大地加快人力资源特别是人才资源的开发和利用，极大地增强我国在国际上的人才竞争优势。一方面，要通过制定和实施人才的引进、使用、培养、储备规划，加大智力投资，完善激励措施，营造优秀人才健康成长的社会和制度环境，建设一个既满足现实工作需求又满足持续发展需求的人才库，扩大我国人才储备数量，防止和减少我国高级专业人才流失。另一方面，要树立国际化意识，加强与世界各国的交流与合作，瞄准国际市场开发人才，采取各种形式吸收、引进和利用海外优秀人才。与此同时，在管理中要加强人力资源的能力建设，激活人的智能，最大限度地发挥人的能力，在用人原则上强调德才兼备，建立竞争上岗的优胜劣汰机制，真正做到能者上、庸者下，建立一种各尽其能的能级运行机制。

五、提高质量与效益

提高教育质量和办学效益始终是高等教育改革的根本目的，是加强高等教育管理的首要任务，是高等教育可持续发展的重要目标。首先，要树立新的质量观，形成科学的教育质量新标准。其次，要深化教育教学改革，推动高等教育的培养模式、课程体系、教学内容和教学方法的改革与创新，利用新的方法和技术，提高教育质量。最后，要注重用人效益和经济效益。

六、推进科学管理

高等教育传统的管理手段与方法与经济时代的要求相距甚远，高等教育领域出现的诸多新生事物从客观上要求对高等教育管理手段及方法进行创新，这就要求必须对高等教育进行科学的管理。

高等教育的科学管理是指，高等教育的各项管理工作要符合管理科学和教育科学的特点与规律，使管理工作制度化、秩序化、规范化、民主化和效益化。在高等教育的管理过程中，要全面推进依法治校的战略对策，建立科学合理的教育法规体系，不断加大高等教育立法的工作力度，深入开展高等教育普法工作，切实加强高等教育的的行政执法与监督；要实现高等教育民主化管理，完善教职员工代表大会制度和政务公开制度，加强学生自我管理，加快高等教育管理民主化建设进程，保证高校教职员工参与学校管理，尤其是参与各项重大问题的决策，真正实现高等教育决策的民主化和科学化，实现民主管理的制度化、全面化和经常化；要创新管理手段及方法，重视各种预测方法、风险决策方法、数学模型以及计算机网络的开发利用，建设高等教育管理的新平台，促进高等教育管理手段的现代化、科学化。

总之，高等教育的创新管理在管理创新中占据重要的位置，创新管理主要是要求在管理实践中实施战略管理与知识管理。即在继承人本管理思想的同时，结合经济时代的高等教育发展特点予以创新。高等教育管理创新体系涵盖面很广，创新体系的内容繁复多样，需要在管理实践中不断总结。

第六章 高等教育管理的创新路径

管理既是一门科学，也是一门艺术。综览全球经济、社会、文化的发展历史，管理的灵魂在于创新。高等教育管理其管理对象涉及人、财、物诸多因素，科学化的高等教育管理的主旨是使诸要素优化整合，其表现是使高等教育达到最佳的社会效益与经济效益。从某种意义上说，管理创新是高等教育科学化管理之魂。

管理创新是指创造一种新的更有效的资源整合模式，这种模式既可以是新的有效资源整合以达到目标与责任的全过程式管理，也可以是新的具体的资源整合及目标制定等方面的细节管理。对高等教育管理创新而言，其具体表现形式为：一是提出一种新的适应形势的战略规划，这种规划具有充分的可行性，是管理创新的一种形式；二是创立一个新的管理机构，而这一机构确能使高等教育活动有序展开、有效运转，这也是一种创新；三是提出一种新的具体的管理方法或方式，这种方法、方式确能有效地整合高等教育资源，从而达到发展的目的；四是针对高等教育的发展实际，设计一种新的管理模式，提出实现目标的管理机制，使高等教育总体资源有效配置，而这种模式具有普遍指导意义，是一种创新；五是管理制度的创新，高等教育管理制度是高等教育资源整合行为的规范，任何行之有效的管理制度的创新都是管理创新的内容之一。

1. 坚持与时俱进，积极进行高等教育管理理念的创新

现代高等教育的发展以教育思想的突破和革新作为先导，创新高等教育管理理念是提高高等教育管理效率和管理质量的关键所在。推进高等教育管理创新，能正确处理传统管理与创新管理的关系。传统管理包括现行的基础管理，这是高等教育管理的重要内容，是高等教育管理创新的出发点。管理创新是高等教育基础管理的最终归宿点，也即基础管理是高等教育管理创新的客观基础。而管理创新则丰富和扩大了基础管理的内容，从而对基础管理提出了更高更严的要求，甚至规范其发展的方向，因为管理创新实际上是管理实践过程的产物，是社会历史发展的必然结果。

一是要明确高等教育管理与政府行政管理的根本区别，理解高等教育管理的特有

内涵,掌握高等教育管理的一般规律,将高校教育功能重新定位,使高等教育适应社会政治、经济、文化的发展需求。二是要树立服务意识,关心教职员工在情感与物质上的合理要求,全心全意为教学、科研做好保障性工作,实现高校内部不同要素之间的和谐发展。三是要贯彻"人本主义"教育管理思想,坚持以人为尊、以人为重的人文主义价值取向,体现平等民主精神,尊重师生员工的个性差异、思想认识差异、生活方式与行为习惯差异。四是正确领悟高等教育管理工作的本质属性,营造生动活泼、积极向上、充满活力的大学校园环境,把管理育人、服务育人作为每个高等教育管理工作者的神圣职责。

要想推进高等教育管理创新,首先需积极进行高等教育管理理念的创新,高校必须将创新教育管理与培养创新人才作为办学的宗旨,以观念创新为导向,以制度创新为保障,以教学内容和教学方法改革为核心,以培养学生实践能力和创新精神为重点,坚持与时俱进,不断推进新高等教育管理的创新。高等教育管理的创新有赖于高等教育管理理念的创新,只有保持高等教育管理理念的先进性,时刻使其与时俱进,才能够为高等教育教学改革注入新的活力。

为此,高校在办学过程中,要明确办学指导思想,明确学校发展定位,强化自身办学特色,树立新的发展观念,确定新的教育思想,以此来推动高校教学的发展。在这一过程中,高校要紧密结合当前我国高等教育大众化的背景,结合学校的发展实际,围绕"办一所什么样的大学"和"怎样办好这所大学"这两大命题明确今后的办学指导思想、学校定位、办学思路和人才培养模式,进一步强化学校的办学特色,实现高校的健康可持续发展。为了更好地适应我国市场经济和知识经济时代发展的需求,高等教育管理必须积极地进行教育管理理念的创新,树立发展的教育观,主动深入社会进行广泛、科学的调查,及时发现问题、解决问题,从而使高等教育在国家创新体系中起到其应有的作用。

2. 坚持改革理念,有效推进高等教育管理制度的创新

长期以来,高等教育管理体制的局限性,使公众的高等教育需求得不到满足,高等教育管理创新的过程,实际上是依托新的教育方式(如远程网络教育等)、新的教育理念(如素质教育、终身教育等)满足公众高等教育的需求的过程。

高等教育管理的创新关键在于建立一套合适的,符合高等教育发展需求的教育管

理制度。在这一过程中，高等教育管理工作者需通过分析总结，对教育管理工作中所遇到的各项情况、问题，积极地制定出新的教育管理制度，从而保证高等教育管理工作能够做到有据可循、有法可依。高等教育管理制度的创新不仅仅是实现教育管理现代化、法制化的重要标志，同时也是提高教育管理工作效率的重要手段。由此可见，要想推进高等教育管理的创新，首先要进行高等教育管理制度的创新。

高等教育管理体制创新是高校制度性改革的落脚点，是由传统高等教育管理模式向现代新型高等教育管理模式转变的根本性标志。高等教育管理制度的创新，需从以下几点入手：其一是必须要坚持"以人为本"的理念，在此基础上制定出融"情、理、法"为一体的高等教育管理制度，设计充满智慧与扩张力的组织架构体系，形成具有以正确的价值观为核心的团队精神，创造既团结互助又适度竞争的工作氛围，建立有利于创新人才成长的、富有人性化的教育管理制度，在教学计划、课程安排、教学和考核方式等环节给教师以充分的自主权，以科学而灵活的教学评价指标检验教育教学工作，激励教师的教学创新和学生的学习创新。其二是要摆脱计划经济时代遗留下来的政府行政管理机构设置模式和运行方式的束缚。按现代高等教育发展需求设置教育管理机构，确定运行方式。切实推动"党委领导、校长行政、教授治学、民主管理"的高校管理体制的建立和完善，保障专家学者在相关学术事务中的决策参与。根据目前我国高等教育所具备的特征，不断完善教育管理制度系统，并积极促使教育管理机构设置朝着科学化和高效化发展。其三是要积极地完善高等教育管理的监督约束制度，只有具备了一套完善的、强有力的监督约束制度，才能够不断地规范高等教育管理行为，促使其进入制度化的轨道。结合本校办学实力和学生情况，定位学校发展方向和发展目标，按社会的人才需求确定人才培养总体规划，设计专业和课程，突出人才的培养特色。其四是积极完善高等教育管理资源的优化配置，坚持"古为今用"，这是建立具有中国特色的高等教育管理创新模式之源。以制度创新为依托，将高等教育管理资源进行积极地调动、组织、协调，从而显著提高高等教育管理资源的配置效率，促使高等教育管理工作得以高效、高质地开展。其五是建立更为高效、充满活力的教育管理机制，适当降低教育管理重心，发挥院系的管理主动性，实现学校教育管理体制创新和学校内部管理体制改革的有机融合。

对于高等教育管理来说，实现依法治教、依法治校已经是必然的趋势，因此高度重视高等教育管理制度的创新、改革，既是高等教育管理工作有效实施的保障，也是提高高等教育管理工作效率的重要保障。

3. 坚持管理方法创新，加大创新人才培养力度

要想实现教育管理方法的创新，首先要对目前高校实行的管理方法所具备的优势和不足进行分析总结；其次在结合教育系统的特点上，选择合理的现代社会管理技术加以调整之后，融入并应用到现代教育系统中。只有这样才能够实现教育管理方法的创新，为培养创新型人才提供有力的保障。

因此，只有始终坚持进行高等教育管理方法的创新，加大创新人才的培养力度，才能够为社会输送更多的具有较强的创新能力的人才。而有效实现高等教育管理方法的创新，需从两个方面入手。一方面要对目前实行的管理方法进行综合分析；另一方面管理方法要结合实际的组织架构、制度和管理观念，使其相互融合，达到信息化时代的标准。例如网络招生，完全利用互联网，实现网络招生的计划，不但方便行政主管部门的监管和社会各界的监督，而且能够方便考生搜索查询，无论是在人力和物力上，都能减少高校的招生成本支出。

很多新的教育管理方法都是在不断地对已有的管理方法进行创新和整合产生的。例如，在20世纪90年代，西方发达国家为了加强培养学生的创新意识和能力，引进了教育全面质量管理，其核心是把学生在学校教育中视为主要消费者，不仅要尊重学生在学校教育中的权益，而且要把学生放在管理体系中最为重要的位置，从而实现对学生进行创新意识和创新能力的培养。通过实践证明，项目管理和目标管理在教育管理的领域，同样是成效显著的管理方法。随着时间的推移，管理创新在高等教育的发展中作用凸显，只有不断地创新管理方法，才能保持高等教育的活力，不断地培养出具有创新意识和创新能力的人才。

高等教育管理方法必须与时俱进，以提高效率为主旨。一是在落实教育管理目标的过程中，更多地从教师和学生的角度出发思考问题，尊重教师和学生在教育管理中的主体地位，采用灵活多变的方法和形式，调动学校全体成员的创造性和主观能动性。二是利用现代信息处理技术，构建基于互联网的教育管理信息平台，实现教育管理信息资源的共享，提高管理和服务工作的效率和水平。三是引入ISO9001质量管理体系，参照制定高等教育管理的各项目标要求，以高等教育管理的标准化更好地服务于教师

的教学科研和学生的成才创业，增强高校的适应力和竞争力。四是充分发挥工会组织在高等教育管理中的沟通与纽带作用，及时了解高校教职员工的愿望和利益诉求，推动高等教育管理的民主化进程。

4. 创新人才培养模式

高等教育管理创新的最终目的是为社会培育更多的优秀人才，人才培养模式创新是实现这一目的的最直接要素。一要根据社会对高素质人才的要求，从改善学生的知识和能力结构入手，在学科设置综合化、专业设置宽口径、课程设置实用化三个层面开展创新联动，为学生的未来职业发展构建更为优质的学习环境和教育平台。二要制定较为灵活的、弹性化的教学管理制度，落实学分制和选课制，使不同兴趣和特长的学生在选择专业、选修课程上有更大的自由度。三要改变重理论轻实践、重知识轻技能的教学弊端，强化学生动手实践能力、创新意识和创新能力的培养，重视学生的就业与创业教育，帮助学生顺利地完成社会化角色的转变，提高学生的社会适应性。四要完善涵盖学生思想品德、学习成绩、身心素质、个人特长等方面的考核评价机制，为学生的自我发展和社会的选人、用人提供科学的导向。

5. 结合新经济时代需求加强高等教育的管理创新

以科技为燃料，以创业精神和创新为动力的新经济时代，决定了我国高等教育管理创新的若干思路。在此情况下，论意义、谈利弊固然重要，但如何避险求强，通过管理创新推进我国高等教育事业发展才是重中之重。笔者认为，新经济时代，我国高等教育管理创新应着重在以下几个方面浓墨重笔。一是管理创新，其最终表现应为管理适应性的提高。管理适应性的提高是管理有效的具体表现。新经济时代高等教育管理创新必须以提高适应性为基本目的，我国高等教育事业发展的道路选择、事业发展规划、办学理念的创新均要以此为前提与归宿。二是当今社会知识更新的速率很大，知识生长是一个变量，单靠传统的增加学时的方式，即用保持课程时数常量的办法来适应知识生长这一变量的要求将变为千年死结。因此，更新课程内容、突破课程时数的常规，以培养学生创新能力为目的的自助式活动课程和研究性课程以及各门课程中注重学生创新精神的培养将成为贯穿高等教育教学计划全过程中的永恒法则。三是新经济时代高校师资队伍的建设与管理的目标、机制与模式都要创新。师资队伍的建设与管理从来就是高等教育管理的重要内容。新经济时代使教师"传业、授道、解惑"的内涵更加广泛。笔者认为，新经济时代的师资队伍管理必须引入现代人力资源管理理论，从更高的层次、更深的广度创新师资队伍管理的形式与内容。

第一节　以信息技术为依托的高等教育管理创新路径

随着我国高等教育改革的不断深入，各高校正处在快速发展的重大转型时期，高校教育管理在外部环境发生巨大变化的过程中要维持正常、良好的运行状态，就要求作为其组织性、协调性力量的教育管理作出相应的变革。在信息化时代到来之际，作为支持和服务教育事业的管理活动，其自身的现代化建设已成为摆在我们面前非常迫切的任务。

一、信息化对高等教育管理创新的影响

随着信息技术革命的发展，计算机信息系统不仅作为信息的储存、加工处理与传输的工具，而且在建立科学的决策机制，优化资源配置和组织结构、提高人员素质等高校管理活动中扮演着重要的角色。信息化给高等教育管理创新带来的独特优势和不可能替代的作用，具体体现在以下几个方面。

（一）优化资源配置

高校管理工作中的教务、人事、科研等环节都需要采集、处理数据。在信息化时代，采集、处理一次数据，就能做到全校各部门共享数据资源。校园网可以提供所有 Internet 服务，同时具有支持信息发布、MIS 系统、图书情报系统、视频会议、网络教学平台等功能。计算机信息网络正在逐步实现无纸化办公，通过使用新信息技术手段，不仅能够节省大量的人力、物力，而且可以全面提高工作质量和工作效率。

（二）改善组织结构

现行高校的组织结构一般以金字塔型为主，容易造成组织结构分工过细，管理幅度过小，从而造成组织层次重叠，降低工作效率。在信息化时代，信息的使用价值大大提高，组织结构呈扁平化趋势，增强组织活力是必要而可行的。采用扁平化的组织结构，取消一些中间层，相关部处合署办公，决策层和执行层之间的信息传递会更快捷，从而加大管理幅度和力度；管理部门之间通过信息传递交互，保证了政令畅通。尤其

对于当前我国一些合并的高校，其校区分布较分散，更加需要利用信息化的优势来强化管理、提高效益，以达到实质性融合的目的。

（三）促进领导决策的科学化

教育管理信息系统通过网络能够及时、准确地为校领导提供大量的基础数据。通过实施办公自动化系统，在网上设立"领导参阅"栏目，可以在第一时间，快速准确地反映学校发生的各类事件及国内外的相关信息，既采用权限设置的方法防止泄密，又可以使校领导迅速作出批示，及时处理有关问题。同时，工作人员还可以根据决策的需求进行各种信息的采集工作，通过统计、分析和处理数据，为校领导提供决策依据。

（四）推进校务公开

把招生就业信息、财务收费标准、物质采购招标、人才引进、教学组织、会议通知、重大活动安排、校领导接待日等事项，凡不涉及学校保密性质和影响稳定的校务均可在校园网上公开，这样可以加强信息沟通，明确工作程序，增强办事透明度，达到强化监督的目的。既使行政管理的权力使用置于广大群众的监督之下，又可以实现对内部管理的严格控制，养成严谨、务实的工作作风。

（五）提高管理人员的素质

信息化时代使计算机管理和教育管理工作紧密结合在一起，对管理人员产生极大的冲击。随着计算机技术在高校管理中的更加广泛、深入地应用，管理人员自身计算机操作水平不断提高，管理观念也会逐渐转变，自身的管理能力也会相应提高。

二、信息化时代高等教育管理创新的内涵

信息化时代的高等教育管理创新，是以信息技术的软硬件为技术基础，以高校现行管理为依托进行的一项综合的系统工程。高校适应信息化时代的创新是多维的，主要包括管理思想和理念的创新、管理组织形式的创新、管理人才资源的创新以及管理方法的创新等方面的内容。从管理的职能上来看，在决策、组织、控制和协调诸方面都有所创新；从管理的过程来看，计划、实施、检查、总结等环节都应创新；从高校每个特定的管理岗位和所涉及的管理事物来看，都有可能在其工作范围内存在创新。

（一）管理思想和理念的创新

管理理念的创新是所有创新的前提。理念的创新需要一个由量变到质变的认识过

程。教育信息中的理论性信息就是理念创新的催化剂，也可以说高教改革深化正是通过信息的作用，首先在人们头脑中起步的。它既是一种创新的管理思想，又是一种倡导管理创新的思想，强调知识和数据的共享，运用集体的智慧提高应变和创新能力。高校利用信息，但不是机械照搬或简单模仿，而是将这些信息分类整理、消化吸收，汲取各校的精华，达到观点上的质变，结合学校实际创造自己的特色模式，做到全局在胸，融汇百家，独树一帜。

（二）管理组织形式的创新

随着信息技术的发展，高校自身组织结构呈现出扁平化的发展趋势。一些高校实行院系目标管理责任制和经费总额动态包干，充分放权，降低了管理重心，调动了院系办学积极性，取得了较好的效果。正是纵横交错的信息渠道使得扁平化的组织结构成为可能。这样大大促进了高等教育对社会、对市场的反应速度和应变能力。

（三）管理人才资源的创新

管理的技术化与信息化呼唤新的管理模式和领导风格。信息化时代的管理是一种围绕工作目标进行的信息交流和目标管理，这种交流活动使管理系统和技术系统真正地合二为一，而这必将对管理者的素质提出新的要求，同时带动管理人员的结构发生变化。在信息化时代，一些高校管理人员人数偏多并且素质偏低的不足暴露无遗，主要表现为缺乏活力、人浮于事，整个学校活力不足。只有在管理人才资源上创新，减员增效，充分调动管理人员的积极性，高等教育发展才能适应信息化时代的要求。

（四）管理方法的创新

管理方法是使管理工作落在实处的重要环节。因此，一定要对现行的管理方法进行充分分析，根据创新的管理观念、组织结构和制度对管理方法进行整合和创新，使之符合信息化时代的要求。如网络招录新生，各高校足不出户，便可完成招生任务，一方面便于教育行政主管部门监控，另一方面可以主动接受社会各界的监督和方便考生查询，同时也为高校节省了大量的人力、物力和财力。

三、信息化时代实现高等教育管理创新的途径

信息化时代实现高等教育管理创新直接体现在推进教育管理信息化的进程中，其信息化的推进过程就是其内涵不断深化和充分表现的过程。

（一）建立配套的信息化管理投入机制

高等教育管理信息化既是持续、完整的发展过程，又是需要分阶段、分步骤加以实施的动态管理过程，其投入应该是持续的。这就要求我们为迎接信息化时代的到来，建立相对稳定的投入机制。首先，高校要有计划地增加信息化管理的资金的增量投入，要根据管理工作的实际需求，装备好高速打印机、扫描仪、数码相机等先进设备，为信息的快速采集、深层次处理加工奠定基础。此外，高校要加大对优秀管理人才的资金投入，创造良好的环境和氛围，以吸引高素质人员从事管理工作。两者结合，才能促进高校自身的持续稳定发展，不断提升信息化管理水平，这也是促进高校管理创新进程的动力源之一。

（二）健全信息主管（Chief Information Office，CIO）负责的管理机制

将学校内部体制改革与信息化建设联系起来，有计划、有步骤地推行管理创新，选拔一批有创新意识的人才进入管理队伍。尤其要在各领导层设立具有创新意识的信息主管。在校领导中有明确的主管教育信息化的CIO，各级部门中有主管计算机和信息的CIO，同时还要建立一支稳定的信息队伍。目前，校园网络延伸到校园的每个角落、学校的各个单位和学校的各个方面，信息的构成也随之升级，信息管理的及时性、准确性、有效性，必须有CIO体系来保证。只有健全了CIO管理机制，才能有意识地从高等教育管理的角度收集、分析和处理信息，并直接应用到学校的管理决策中，使CIO的作用由技术管理型转向战略决策型。

（三）建立灵活的管理协调机制

高等教育管理创新过程中，其管理目标、手段、方法都处于不断变革之中，这就要求其管理系统善于自我协调、自我完善，并随时整合自身内部结构，使其保持高效、活跃的状态。管理创新的协调包括：一是多目标协调，要善于抓住重点，相互协调。二是内部机构的协调，既包括校、院（系）两级管理机构之间的垂直协调，也包括领导者与执行者之间、领导机构与执行机构之间的协调。通过这样的协调，使管理系统上下之间、相互之间构成一个完整的系统，从而提高管理的效率。

（四）创新信息管理系统的设计思路

以往的信息管理系统的设计思路主要是以实现某些功能为主线，实际是用网络将多个单机简单地串联起来。在实际管理过程中，我们的管理不是集中于某一局部，而

是从上至下全局地考虑问题,使整个流程连贯起来,信息才能够畅通地上传下达。为更好地将高校的理念、角色和办学目标融入支持在线决策的信息系统中,需要结合学校的整体规划和实际情况,规范管理流程,使信息管理系统在管理决策中起到重要作用。

(五)完善信息服务手段

在信息化时代,学校各管理部门是信息资源的主要拥有者,也是主要提供者,学校的各种公共信息资源、教学资源、管理资源等不应只是学校或某一部门所拥有,而应向学校教师和学生、社会各界提供完备的数据库和检索系统等信息服务。因此,要将学校的各类信息进行采集和加工处理、规划,最后将其数字化,以更好地向外界提供共享资源。

第二节 "以学生为本"理念下的高等教育管理创新路径

21世纪以来,中国高等教育事业飞速发展,取得了举世瞩目的成就。然而,新形势对高等教育管理提出了新的更高的要求,使其面临严峻挑战,如政治色彩较浓厚、功利主义倾向严重、产业化趋势明显等弊端亟须改变。因此,必须牢固树立笃信真理的信仰,营造崇尚真善美的学术氛围,培育会学习的良好风尚,推动以学生为核心的高等教育管理模式的构建。

一、"以人为本"视域下高等教育管理本质的反思

高等教育是指在完成中等教育的基础之上进行专业教育,其主要有研究型大学、教学研究型大学、教学型本科院校、高等专科学校和高等职业学校五种类型。近年来,我国高等教育管理改革取得了重大进展。多种形式办学的新格局基本形成,多渠道筹资机制不断健全,高校入学考试改革稳步推进,高校内部管理体制改革不断深化。面对瞬息万变的国内外形势,加快树立"以人为本"的办学理念,弄清高等教育管理的本质,具有十分重要的意义。

一是有助于实现高等教育管理求真的目标。高等教育组织的本质,就是高等教育管理的目标。高等教育组织是学术性组织,其特征主要有知识性、艰深性、复杂性、继承性等。这几个特征皆与学术密切相关,因而高等教育组织的本性概括起来就是学

术性。学术以求真为目的，求真是叩问和证实客观世界的本质。求真是学术行为的品德要求，是善的基础，有利于实现真善美的统一。高等教育管理的基础是学术性组织，而学术性组织的目标是求真。基于此逻辑，高等教育管理的目标亦是求真。

二是有助于体现高等教育促进人性发展的本质。教育的本质是育人，是为了培养人的扩展自由和实现发展的能力，是为了促进人的全面发展，而不能片面强调其社会职能。鉴于此，高等教育管理要以服务于人性塑造为目的，即培养人、教育人和改造人，其与普通管理大为不同。高等教育管理的本质在于充分发挥人的潜能，发掘人的价值，建构与发展完备人性。总之，高校的主旋律是育人和培养高级专门人才，不是制器和制造高档器材。高等教育管理的本质，就是要发展完备人性，促进人的全面发展。

二、当前我国高等教育管理面临的困境

（一）行政化色彩较浓厚

目前，我国高等教育行政化色彩浓厚，即把高校当作行政机构，片面夸大教育的行政管理功能。观察现实高校的协调和运转过程中，占据支配地位的是行政权力。集中表现为：一是高度集中的决策。各种权力决策集中于校级行政部门，院级只有名义上的权力。二是惯于采用行政指令的方法。

高校自主性欠缺，对知识、学术和教师的重视不够，师生处于被动执行和服从。高等教育政治化，其实质是把教育异化成为现实、政治和政策服务，以致教育非人化，违背了人性的发展要求。

（二）功利主义倾向严重

当前高等教育存在功利主义倾向，即把人当作工具，片面强调外在价值，追求即时、显性功效，忽视人的本体价值、长期效益。主要表现为：一是教育过程简单化倾向。理论上，把教育简单化为只服务于社会发展，使其成为偏离主体的文凭和学历教育；实践上，把教育简单化为技术性的知识传授过程。二是教育活动的跟风化倾向。部分高校追求时髦风，如学校升格、大建学院和大造楼宇等。一些高校关系风盛行，对学生区别对待，不能保证评优、评奖的公平性。三是高校管理的形式化。部分高校过于重视定量化、程序化、模式化管理，片面强调形式的教育管理，限制师生参与高校管理的热情。

（三）产业化趋势越来越明显

高等教育能否产业化，理论界一直争论不已。但是过度的产业化趋势，必然会使高等教育迷失方向。一是盲目追逐名人效应。近年来，不少高校纷纷聘请明星大腕兼职教授，如南开大学聘请唐国强、北京大学聘请成龙等。这在一定程度上使纯粹的大学精神受到了挑战和质疑。二是一味迎合市场导向。当前，不少人提出高校要根据"市场"情况，及时设置"家用电器维修、家庭教师、服装设计及剪裁专业"等。这些专业可以设置在职业院校，硬要将其纳入高等教育，不能不令人担忧。总之，高等教育应保持自身的独立性，而不应以拉动经济为本质属性。综观世界各国，尚未有发达国家把高等教育视为创收产业，其历史使命就是育人。

三、构建以学生为核心的高等教育管理模式

（一）牢固树立笃信真理的信仰

高等教育管理的对象主要是学生，学生的活动须以服从真理为标准，因此，高等教育管理要以笃信真理为信仰追求。一是从科学观到道德观的升华。真理是科学活动的追求终点，而科学的求真活动会内化为人的道德素养，这种素质又会成为求知道路上的推动力。二是弘扬务实精神。"尚真"表明了如何对待学习和知识的问题，而"务实"是从观念向行动转变。蔡元培就是尚真务实的典范，提出了"思想自由、兼容并包"的办学理念。三是生命与真理并存。学生的使命就是要追求、发现和捍卫真理，即生命与真理同在。要在学习中追求真理，在实践中发现真理，形成创造性思维。

（二）营造崇尚真善美的学术氛围

一是对真理的执着精神。坚持排除一切干扰、澄清谬误、不怕曲折，坚持探究真理、发现真知、献身科学，把对真理的崇敬之情内化为人们的内在行为品格。二是接人待物的道德标准。要做到真心诚意、孝悌仁慈、忠诚有义，坚持自律慎独、敬业乐群、齐家爱国、贵生重物，把"善"固化为稳定心理和行为倾向，养成道德自律能力。

（三）培育善于学习的良好风尚

会学习是时代发展和学生发展的必然要求。主要表现为：主动探索性和发现式学习，体验和思考式的学习，个体性和灵活化的学习，终身性和非连续性学习等。

一是树立终身和自主学习理念。要转变观念，培育永恒学习的精神，使学习成为

终身的行为习惯。保持积极、能动的学习心态，发掘自身学习潜能，增强自主学习能力。二是创新学习方式。"学会"只是基本目标，学习的高级阶段则是"会学"。要强化创新性学习思维，不断掌握最新知识，提高创造新知识的能力，培养更多的新时代"知识劳动者"。三是充分利用现代信息和传播技术。要创新学习手段，高效获取信息，甄别信息，独立提出问题，创造性地运用信息，以科学的思维方式解决问题。

第三节 社会资本引导下的高等教育管理创新路径

近年来，社会资本理论已被学界拿来研究政治学、管理学、社会学、教育学等领域的热点、难点问题，取得了独特而有效的成果。那么，将社会资本引入高等教育管理领域又将取得怎样的效果呢？社会资本作为一种社会资源，在高等教育管理过程中将发挥怎样的作用呢？对高等教育管理的创新又有哪些启示呢？

一、高等教育管理领域社会资本的引入

社会资本理论是 20 世纪 80 年代以来逐渐发展起来的一种新的分析途径，作为一种备受关注的分析工具，其强大的解释力充斥在社会的各个方面，也为人们提供了一种新的认识教育、认识高等教育机构的研究视角。目前，社会资本的研究有两个取向：一个是"个体取向"（或微观层次）的研究；另一个是"群体或社会取向"（或宏观层次）的研究。"个体取向"的社会资本理论研究强调存在于个体层面的社会资本及其作用，如布迪厄、科尔曼等都将社会资本理解为一种个人通过自己拥有的社会关系网络而获得的可以利用的资源。"群体或社会取向"的社会资本理论研究强调存在于群体或社会层面的社会资本及其作用，着重分析特定的群体或社会如何发展一定的社会资本作为公共物品以及这种公共物品怎样才有利于群体或社会的生存与发展。可见从社会资本的组织层面的定义出发，对贯穿高等教育中的信任、互惠规范及关系网络等社会资本进行研究，结合高等教育管理的特点，可以有针对性解决现阶段高等教育管理中存在的一些问题，寻求全新的创新路径。

社会资本之所以可以适用性地引入到高等教育管理领域，与高等教育管理的性质是密不可分的。从高等教育管理的主体来看，国家或者说政府是第一位的，是处于主

动地位的，高等教育机构是处于被动地位的，社会或市场则或处于主动地位或处于被动地位的与高等教育机构发生关系。高等教育机构正是通过与这些主体发生直接或间接的关系嵌入到这些主体的运行过程中。这种嵌入性是一种内外相结合的交叉，而不是简单地镶嵌在这些主体中的各种组织上。在交叉的过程中，高等教育机构势必会存在自身组织与其他社会组织、企业组织等的信任的交换，互惠规范的统一，合作共处网络的构建，使社会资本在高等教育机构的管理行动中发挥作用。从高等教育管理的客体来看，高等教育机构作为一种组织，本身就包含公立性高等教育机构以及私人盈利性高等教育机构，完全可以看作是一个有机的系统，这个系统的有效运行靠的是系统内部各部分功能的有效发挥与彼此的相互配合，社会资本作为组织的一种性质和特征将不可避免地参与这种协作的过程，从而推动这种协调行动，促进整个系统的高效率运行。由此可见，在高等教育管理过程中为了增进目的性行动的效果，主客体间、客体内部间会在微观交换中通过互动获取社会资本，而这种同质性或异质性的互动都是在整个高等教育管理系统的约束之下进行的。嵌入在社会网中的高等教育管理资源与规范增强了高等教育管理行动的效果。所以，高等教育管理领域的社会资本对高等教育管理具有非常关键的作用，从社会资本视角来分析高等教育管理，对于发现高等教育管理问题、提高管理质量有很大的帮助。

二、社会资本引导下高等教育管理的创新探讨

（一）寻求高等教育管理主体间的信任契合路径

从我国高等教育机构周围的信任来看，主要包括政治信任、社会信任与内部信任。政治信任来源于国家政府与管理机构之间，是一种权威性信任。这种权威性信任对高等教育管理有着极其重要的作用，信任度高，政府愿意放权，而且是心甘情愿的赋予性放权，高等教育的管理就有更多的机会多元化、自主化，在未来的发展道路上也才能够针对高等教育管理的现实性问题发挥自发力量；信任度低，政府宁愿独揽大权，也不舍得将实质性的权力下放给其他管理主体，这样一来，政府不是独权，更不是霸权，而是出于对高等教育管理的一种担心。所以，要想真正地构建政治信任，高等教育管理能力是关键。社会信任存在于高等教育机构嵌入到社会的这一过程中，不管是社会组织也好，企业组织也罢，其与高等教育机构发生关系都是通过信任渠道进行的，社

会与市场为高等教育管理的成果提供机会和平台，高等教育管理为社会与市场提供人才与技术。可见，这是一种互利性的信任。内部信任是指高等教育管理内部，即高校与高校之间高校与教师之间师生之间人与机制之间等的信任，这种信任是一种微观的信任，在高等教育管理内部发挥着极其重要的作用，是高等教育统一协调发展的关键。所以，高等教育管理不仅仅是教育管理、学校管理，从深层次来看更是一种信任管理，要想真正发挥高等教育管理的优势，必须有效管理这些信任。在高等教育管理创新的道路上，要坚持走一条以政治信任为引导、内部信任为主体、社会信任为补充的信任之路，有效搭建信任桥梁，在最大程度上寻求来自这三个方面的信任的契合，从而从根本上找到现阶段走出高等教育管理困境的有效之路。

（二）推崇高等教育管理体制的互惠规范路径

要真正从实处创新我国的高等教育管理，必须从外部入手寻找突破口，即从高等教育机构的外部约束力量与合作力量着手。从宏观上分析，我国高等教育管理的外部约束因素主要是政府的政策法规，包括国内与国外。而合作力量则处于社会与市场之中，具有非常强大的生命力。如何在这种约束性框架之下，最大限度地利用合作力量是高等教育管理体制完善与优化的关键。推动互惠规范机制便是一种非常有效的方法。在与政府的关系处理上，可以使高等教育机构与政府部门建立合作互惠关系，政府为高等教育的管理提供限制性资源，促进、指导、引领其发展，高等教育机构则通过利用这些限制性资源为政府培养一些特定的人才，将这种互惠机制常态化。一旦这种常态化的机制建立起来，政府将不再怀疑高等教育管理机构，而将其管理发展情况作为自己的一个"形式性"机构予以关注与支持，从而形成高等教育机构的一种无形资源，促进高等教育管理的完善。在与社会、市场的合作上，互惠规范显得更加重要，一种制度化体制化的"约定"比简单的"礼尚往来"更有效。将高等教育管理的效果与社会发展、市场繁荣密切联系在一起，不是只靠一种自然规律在潜移默化的发挥作用就可以完成的，要强化这种关系，要从硬性的规范上给予保证。

（三）构建高等教育的网络治理路径

目前，我国的高等教育管理已经发展到以政府权威为中心、大学自治以及各种社会组织和公众民主参与的阶段，这一管理阶段折射出多元主体共同参与的网络式治理结构、相互合作与互动协商的对话式伙伴关系、权力共享与责任分担的公共责任机制理念以及追求高等教育和谐发展的目标。要想充分调动多元主体的积极性,保持多元权力的良性互动,推进高等教育管理秩序的良好运行,应从政府、大学和社会三个层面来建构高等教育治理架构。所以,未来中国高等教育的管理应以政府、高等教育机构、社会等多元主体为结点,构建立体式教育网络,将高等教育机构置于一个完善而丰富的社会资源网之中,在这个网络之中,政府处在一个宏观管理、充分放权的地位,社会以及市场处在一个合作管理与高等教育机构创造双赢的位置,而高等教育机构应该穿插在政府、社会与市场之中,通过人才交流、教育合作,编织更多的教育关系网,丰富教育资源,在与多元主体的互动中更加高效地实现高等教育管理的目标。

第四节 全球化时代下的高等教育管理创新路径

为适应全球化的发展,中国高等教育管理的创新应该遵循四大方略。

一、确立"以人为本""和而不同"的高等教育管理理念

尊重人的主体地位、促进人的发展是全球化时代各国高等教育的共同追求。我国高等教育管理要适应这一发展要求,必须实现管理理念的创新。

一是要确立"以人为本"的管理理念。坚持"以人为本",前提是落实"以生为本",重点是抓好"以师为先"。"以生为本"就是要把学生看成高校的生存之本和发展之本,真正树立"一切为了学生,为了一切学生,为了学生的一切"的办学观念;就是要在管理中把促进学生的和谐发展作为一切教育活动的出发点和教育改革的立足点。在这一观念的支配下确定有利于学生发展的培养目标,建立适应学生共性与个性和谐发展的课程体系,构建多样化、有特色的人才培养模式,形成有利于学生主动参与的管理制度,建设以生为主、师生平等、教学自由的校园文化等。促进学生和谐发展的主体是教师,"以师为先"就是要认识到教师的劳动与价值,充分发挥教师的智慧和才能;就是要尊重教师的学术自由,突出教师学术权力在高校的主导地位,提高教师参与学校管理的积极性与可能性;就是要关心教师的工作和生活,提高他们的福利待遇,关心他们的前途与发展,为他们提供施展才华的机会与条件。

二是要确立"和而不同"的管理理念。所谓"和"就是以开放平和的态度对待国

外的管理理念和方法，辩证分析其优势和缺点，有针对性地借鉴吸收其对我国高等教育管理水平提高有促进作用的部分，实现中西管理的优势互补和交流融通。所谓"不同"，就是在学习他人的同时不能失去自我。要在"立足本土"的基础上"拥抱世界"，博采众国之长，结合我国国情，开创具有中国特色的高等教育管理之路。例如效率为本的管理理念，强调管理过程的科学化和标准化，对克服中国传统高等教育管理主观随意性强的缺点具有现实意义；人本主义管理理念强调个体的自主发展，强调个人对组织决策的参与，对消除中国传统高等教育管理重集体目标轻个体目标的缺陷具有重要启示；后现代教育思潮下的多元整合管理理念，强调对话、理解、交流、解释等在管理中的作用，对化解中国传统高等教育管理中集中有余、民主不足的困局具有指导作用。同样，我国悠久文化中也蕴藏着丰富的管理智慧，值得在新形势下发扬光大。如"以德为先，以德治国"的管理思想强调道德感化，价值引导，在当前功利主义泛滥的管理现状中更彰显其现代价值；"以和为贵，中庸为道"的管理智慧对处于内、外部环境复杂多变的高校实现自我和谐仍然具有深刻的启示意义。

二、建构"宏观调控""自主灵活"的高等教育管理体制

要适应全球化的激烈竞争，我国高等教育管理体制要进一步理顺中央政府、地方政府、高校和社会四个行为主体之间的关系。

一是要求中央政府和地方政府进一步转变职能。从中央政府来看，需进一步加强科学管理，完善宏观调控，即是调控的方式要从直接调控管理转变为间接调控管理；管理的手段要由行政干预、计划命令转为统筹管理、政策指导、组织协调、信息服务与评估监督；调控的内容主要是发展规划的制定、经费预算与统筹、教育机构的设置、各类证书与学位标准的制定、质量标准的监控等。从地方政府看，需进一步转化角色意识，强化统筹行为，提高统筹效能。随着高等教育管理体制改革的深化，地方政府已获得了较大的地方高等教育统筹权，但不能仅仅是把高校管理主体由中央变成地方，而是要从过去的"执行"角色转换为切实承担"统筹"重任的角色，优化高等教育资源配置，协调地方高等教育与地方社会经济发展的关系。

二是要落实高校法人地位，使之真正成为自主灵活的办学实体。应借鉴西方的契约理论和委托代理理论，构建政府与高校的契约关系，从法律和制度上增强和明确高

校在人事管理、机构设置、学科专业设置等方面的自主权，同时引导各类高校依法制定学校章程，依据章程进行自主管理。此外要通过各种改革不断增强高校适应社会的主动性、灵活性与高效性。如通过改革考试和招生制度，健全自我选择机制；通过提高教学质量，健全自我发展机制。通过加强内部管理体制改革，健全自我激励与约束机制。要发挥社会中介组织作为政府与高校之间关系缓冲器的作用，鼓励各类教育中介组织参与高等教育的质量评估与监督，健全社会参治机制。

三、完善"刚柔相济""内通外联"的高等教育管理制度

"刚柔相济"即严格的管理制度与宽松的管理氛围相结合。高等教育管理必须有健全的制度体系。

高校制度体系建设应着力于三个层面。在核心制度上，通过理顺高校与政府、社会的关系，使自主管理、学术管理的理念落到实处；在一般制度上，通过健全学术民主管理的组织机制，改革现行权力分配结构，强化高校运行中的学术权力；在具体制度上，建立既有分工又有协作、责任明确的高校法人制度、组织人事制度、教育与科研制度、学科建设与学术保障等制度。同时必须明确，加强制度建设不是为了约束人、管制人，而是要通过制度来解放人的思想、引导人的行为、激发人的潜能。因此在各项制度中要充分体现人文精神，制度制定要充分发扬民主，真正反映民意，制度执行要让高校教职工及学生心情舒畅。总之，以和谐的理念与方法关心人、激励人，使管理人格化、弹性化。

"内通外联"即国内相关管理部门在制度设计上要协调沟通，同时能与国际上的相关制度联通对接。

一方面要做好"内通"，即涉及高等教育国际合作事务的教育、商务、外汇、外交、出入境管理等部门，在修订、完善各自的相关管理法规和制度时，要加强协调沟通，避免法规和制度的相互冲突。另一方面做好"外联"，即要在维护国家教育主权的前提下，根据高等教育参与全球竞争的需要，结合国际通行原则，对《中华人民共和国教育法》《中华人民共和国高等教育法》《中华人民共和国教师法》《中华人民共和国民办教育促进法》和《中外合作办学条例》等相关法规、条例进行修订、完善并出台具体配套的实施办法；同时要依据国际高等教育协调组织的相关规定和标准，抓紧高等教

育具体管理制度的建设，如修订学位制度以及制定境外高等教育机构来华办学资质认定标准、教学质量评估标准、学分认证与换算标准等，以实现中国高等教育法规和管理制度与国际的有效接轨。

四、创建"信息共享""高效透明"的高等教育网络化管理模式

一是要尽快创建和完善"信息共享"的网络平台。首先要落实规划。教育部2012年印发的《教育信息化十年发展规划（2011—2020年）》已对中国教育管理的信息化建设作出了总体部署，当前重在落实。其次要统一标准。各信息收集统计责任单位要认真执行教育信息化标准，保证数据的口径、信息编码格式等方面的标准统一，以有利于信息共享和提高信息资源使用效率。最后要对接国际。一方面要尽快加入国际高等教育质量保证机构网络和亚太地区质量保障网络组织，获取境外高等教育机构的办学资质、教学质量等真实信息，及时向公众发布，为国内高校开展跨境高等教育合作，为学生留学申请或选择其他境外高等教育交流与合作项目提供准确及时的信息参考。另一方面要将国内高等教育的真实办学情况、人才培养特色、科研水平、政策环境等信息通过国际或区域组织的权威网络平台向世界发布，以展示我国高等教育的发展成就，加深世界对我国高等教育的了解，吸引更多国外高水平高校我国高校开展合作，吸引更多的优秀学生到我国高校留学或参加各项交流活动。

二是要利用现代网络技术改造传统管理模式并完善高等教育信息公开制度，实现"高效透明"。所谓"高效"，即利用现代网络技术推进高等教育管理和服务流程再造，除加强信息网站建设外，还应利用微博、微信等新兴网络工具，让公众能够随时随地获取相关信息。所谓"透明"，即打造"阳光管理"，推进管理的民主化和透明化。一方面要完善高等教育信息公开制度，制定实施细则，对相关信息的公开范围、决定权、期限、法律责任等作出详细的可操作的规定。另一方面要加强对高等教育信息公开的监督和激励，将信息公开工作列为高校评估的重要内容，督促教育管理部门和高校切实履行"公开为原则，不公开为例外"的要求，除了确属于国家秘密依法不予公开的信息之外，涉及高等教育招生办学资质、教师评聘、专业设置、教学质量、学生奖助学金、学生就业等方面的数据等信息都尽量详细公开。

参考文献

[1] 程宇欢.高校教育供给侧改革与人才培养模式创新[M].北京：中国纺织出版社，2022.

[2] 蔡永明.互联网时代下高校教育创新发展[M].哈尔滨：北方文艺出版社，2022.

[3] 刘德建.智能技术促进高校教育教学创新研究[M].北京：科学出版社，2022.

[4] 李卫娜.当代高校教育教学管理理论与实践[J].食品研究与开发，2023（8）：238.

[5] 向丽雅.我国高校教育管理的现状及策略研究[J].山西青年，2023（7）：178-180.

[6] 彭颖怡.互联网时代高校教育管理模式的创新[J].中国成人教育，2023（2）：20-23.

[7] 陈妍.高校教育管理信息化建设的措施[J].新课程教学（电子版），2022（14）：161-162.

[8] 张伟.新时代地方高校教育国际化论纲[M].长春：长春出版社，2021.

[9] 刘萍萍，何莹.现代高校教育教学管理现状与创新发展[M].北京：中国原子能出版社，2021.

[10] 庄佳.高校教育的创新与改革研究[J].现代职业教育，2018（27）：165.

[11] 陶卉欣.基于"互联网+"视域论高校教育创新模式[J].现代职业教育，2021，（第9期）：212-213.

[12] 梁晓航.高校创新创业教育的反思与模式构建[J].科技与创新，2021（15）：116-117.

[13] 张家维.高校意识形态教育的新时代创新[J].江苏高教，2022（8）：114-119.

[14] 邢强.高校信息化建设与管理研究[M].北京：中国财政经济出版社，2021.

[15] 孟猛，宗美娟.应用型本科高校教育教学理论与实践[M].长春：吉林出版集

团股份有限公司，2021.

[16] 郭萍.新时期高校教育管理创新研究[J].成才之路，2021(27)：10-12.

[17] 韩莹，王明新，薛金娟.高校教育线上线下模式的思考[J].教育教学论坛，2021(25)：52-55.

[18] 关幼萌.新形势下高校教育管理模式创新与发展研究——《高校教育管理与创新实践研析》[J].科技管理研究，2022(6)：250.

[19] 徐游.高校教育的改革与创新[J].文学教育，2018(12)：46-47.

[20] 张叶翠，孔凡菊.基于VR的高校教育研究[J].中文信息，2021，(第11期)：147-148.

[21] 周芸.高校教育教学管理模式创新研究[M].北京：中国财政经济出版社，2021.

[22] 王慧.现代教育理念下的高校教育教学管理研究[M].北京：化学工业出版社，2021.

[23] 姚丹，孙洪波.高校教育信息化管理与学生管理工作[M].北京：中国纺织出版社，2021.

[24] 刘志国.创新高校教育管理培养创新型社会人才[J].中小企业管理与科技，2019(27)：81-82.